Andreas Kemper, Heike Weinbach

Klassismus

Eine Einführung

UNRAST

Kemper/Weinbach: Klassismus
6. überarbeitete Auflage, Mai 2025
ISBN 978-3-89771-467-0

Fuggerstr. 13 a, D-48165 Münster
kontakt@unrast-verlag.de – www.unrast-verlag.de
Mitglied in der assoziation Linker Verlage (aLiVe)

Umschlag: Dieter Kaufmann, March
Satz: UNRAST-Verlag, Münster
Druck: Multiprint, Kostinbrod

Inhalt

Vorwort zur dritten Auflage

Als 2007 der vorliegende Einführungsband zum Themenbereich Klassismus erschien, war dieser Begriff vor allem im deutschsprachigen Raum nur wenigen Menschen bekannt.
Leider hat sich an der Dringlichkeit, Klassismus zu thematisieren, nichts geändert. Die Einkommens- und Vermögensschere geht weiter auseinander; die PISA-Studie von 2019 konstatiert wie vor fast zwanzig Jahren, dass in keinem Land der OECD ein signifikant stärkerer Zusammenhang zwischen Bildungserfolg und sozialer Herkunft besteht als in Deutschland. Hinzu kommen mit Klassismus zusammenhängende Probleme wie die gesellschaftlich verursachte Klimakatastrophe oder die Faschisierung der Gesellschaft durch die AfD. Wir wiesen schon vor zehn Jahren auf den Umweltklassismus hin: Arme haben den geringsten energetischen Fußabdruck, leiden aber stärksten unter Umweltzerstörungen und zugleich besteht die Gefahr, dass vermeintliche Abwendungen von Umweltkatastrophen unverhältnismäßig zulasten von Armen gehen. Dass Ärmere immer seltener wählen gehen, wurde von uns ebenfalls schon vor zehn Jahren thematisiert. Heute stellen Studien fest, dass die AfD dort stark ist, wo die Wahlbeteiligung gering ist. Mit dem Programm des ›Solidarischen Patriotismus‹ des faschistischen Flügels der AfD werden Lösungen für gesellschaftliche Probleme angeboten, die klassistischer Natur sind – je weniger vernünftige Lösungen für diese Probleme greifbar sind, umso mehr kann die AfD mit ihren Scheinlösungen auf Stimmenfang gehen, je stärker gesellschaftliche Gruppen von (politischer) Bildung und damit Partizipation ausgeschlossen werden, umso leichter hat es die AfD.
Daher freuen wir uns über die positiven Entwicklungen: Verschiedene Organisationen wie das *Institut für Klassismusforschung* oder *Klassismus ist keine Kunstepoche*

(KIKK) sind in den letzten Jahren entstanden. Zu den Referaten für studierende Arbeiter*innenkindern in Münster und Wien stieß nun das *SoFiKuS-Referat* in Marburg. Das Magazin für studierende Arbeiter*innenkinder *Dishwasher* wurde mit einer neuen Ausgabe weitergeführt. Die Bundesinitiative *Schule für Courage – Schule gegen Rassismus* gab eine eigene Broschüre zum Thema Klassismus heraus. Auch in der Antidiskriminierungsstelle des Bundes wird Klassismus als Problem diskutiert – leider sind klassistische Diskriminierungen noch immer nicht im *Allgemeinen Gleichbehandlungsgesetz* anerkannt. Noch weniger als die studentischen Initiativen gegen Klassismus finden Obdachlosen-Organisierungen gehör. Doch aktuell finden jede Woche Veranstaltungen und Workshops zum Thema Klassismus statt – dies wird nicht ohne Wirkung bleiben.

Andreas Kemper / Heike Helen Weinbach,
Münster 2020

Einleitung

Dieses Buch führt einen politischen Begriff ein, der in Deutschland kaum bekannt ist. Unter »classism« wird im US-amerikanischen Kontext analog zu z.B. Rassismus, Sexismus oder Heterosexismus eine Diskriminierungs- und Unterdrückungsform verstanden. Dementsprechend definiert sich der Begriff vom Denken der Diskriminierung (Weinbach 2007) und Unterdrückung her. Zum einen bedeuten Unterdrückung und Diskriminierung den Ausschluss von materiellen Ressourcen und politischer Partizipation, zum anderen die Verweigerung von Respekt und Anerkennung gegenüber Menschen mit ihren Rechten, Lebensweisen, Wertvorstellungen (vgl. Weinbach 2006).

Wir sind in verschiedenen Kontexten, beispielsweise in der Praxis von Antidiskriminierungs-Trainings oder in der Bildungspolitik, auf die Notwendigkeit gestoßen, die Diskriminierungs- und Unterdrückungsform, die sich aus dem Klassenverhältnis ergibt, mit einem Begriff auf den Punkt zu bringen. Dieser Begriff – Klassismus – gehört in US-amerikanischen Klassenkonflikten zum Grundvokabular. Gerade in den jetzigen Zeiten, in denen die Schere zwischen Arm und Reich immer schneller immer größer wird und gleichzeitig diskriminierende Bilder von Armen zementiert werden, glauben wir, die politische Sprache beweglicher machen zu müssen. Dieses Buch, welches nur als sporadische Einführung gedacht ist (und gleichzeitig als Anregung für weitere Forschungen), soll helfen, die Diskriminierungen im Klassenverhältnis deutlicher sehen und benennen zu können.

Wir werden uns zunächst der Geschichte und den US-amerikanischen Theorien des Klassismusbegriffs widmen. Hier gehen wir auf die Lesbengruppe mit dem Namen »The Furies« ein, die Pionierinnenarbeit leistete. Neben den Frauenbewegungen sind auch die »Black Movements« für das amerikanische Verständnis von

»classism« wichtig, u. a. da sich diese Bewegungen auf soziale und kulturelle Aspekte des »Lumpenproletariats« bezogen und später Gruppen wie das »Combahee River Collective« Thesen der Mehrfachunterdrückung politikfähig machten. Ein dritter zentraler Punkt betrifft die Selbstorganisierung der Working Class Academics im US-amerikanischen Bildungssystem. Innerhalb der sozialen Bewegungen und Universitäten in den USA wurde das Antidiskriminierungskonzept »Social Justice« entwickelt, welches wir uns unter dem Aspekt des Klassismus genauer ansehen wollen. Wie wurde und wird jedoch Klassismus in der Bundesrepublik Deutschland betrachtet? Wir geben einen historischen Rückblick zum Thema Arbeiter*innenkultur und Klassenbewusstsein. Deutlich wird, dass sowohl die Widerstandskultur als auch die Diskriminierung der Arbeiter*innenkultur zu wenig erforscht worden sind. Thematisiert werden weiterhin die Proletkult-Bewegung, das Klassenverständnis in der DDR sowie der angelsächsische Ansatz der Cultural Studies. Auf der Ebene der kulturellen Diskriminierung thematisieren wir die Verschränkung von Patriarchat und Klasse: Wie anschlussfähig gestaltete sich Anti-Klassismus-Denken an die Ziele und Kämpfe der Frauenbewegungen? Ein Aspekt, der uns dann wieder zurückführt in die Vereinigten Staaten, ist das dortige Verhältnis von Psychologie / Psychotherapie und Klasse. Anders als in Deutschland werden dort die verschiedenen Aspekte von Klassismus auch im Feld der Psychotherapie diskutiert. Liegt dies daran, dass in den USA Diskriminierung generell stärker thematisiert wird? Wir haben jetzt auch in Deutschland in Form des Allgemeinen Gleichbehandlungsgesetzes Antidiskriminierungsgrundlagen – wie sind diese mit Bezug auf Klassismusanalysen zu verorten? Ein Punkt, der in Deutschland in den letzten Jahren immer wieder den Klassismus sehr deutlich gemacht hat, ist die Bildungspolitik. Während hier die soziale Selektion immerhin angeprangert wird, ist der Klassismus beim Thema Arbeit sehr viel rigoroser, was wir im Kapitel zum Thema »Klassismus und das Denken von Arbeit« darstellen. Unter dem Thema »Zusammenleben« haben wir schließlich so verschiedene Aspekte wie die sogenannte »Arbeiter*innensexualität«, die Frage der Beziehungen (»wer heiratet wen«? – bzw. wer zieht mit wem in eine WG?), die neue klassistische »Bevölkerungspolitische Familienpolitik« (»wer soll Kinder kriegen?«), Aspekte der räumlichen Ausgrenzung von Wohnen bis zur Stadtpolitik und schließlich Überschneidungen von Klassismus und Umweltzerstörung (Stichwort New Orleans) thematisiert. Zum Schluss werden wir die Thematisierung von Klassismus als eine Verschiebung gewohnter Sehweisen diskutieren.

1. Einführung: Was bedeutet Klassismus?

Der Begriff Klassismus ist in der Bundesrepublik Deutschland noch relativ unbekannt. Obschon er genau so alt ist wie der verwandte Begriff »Sexismus«, hat er sich hier bislang noch nicht durchgesetzt. Zuerst wurde der Begriff im deutschsprachigen Raum durch das Buch Scheidelinien. Über Sexismus, Rassismus und Klassismus von Anja Meulenbelt (1988) bekannt. Die Einführung des Begriffs blieb aber für die Debatten zunächst ohne Konsequenzen. Auseinandersetzungen mit dem Begriff finden erst seit kurzem statt (vgl. Kemper 2005, Weinbach 2006, Weinbach 2006b). Klassismus thematisiert die Geschichte und Gegenwart von Sklav*innen, Dienstbot*innen, Handlungsgehilfen, Tagelöhner*innen, Vagabund*innen, Handwerksgesell*innen, Bettler*innen, Arbeiter*innen, Arbeitslosen, Armen, Working Poor, Hausarbeiter*innen, Illegalisierten und ähnlichen Klassenzugehörigen und deren Kindern als eine Realität von Verfolgung, Unterdrückung, Diskriminierung, Ausgrenzung und Widerstand. Klassismusanalysen hinterfragen die Stereotypisierungen und Herabsetzungen, die mit dem sozialpolitischen Status einhergehen und dadurch legitimiert werden. Die von der Bielefelder Forschungsgruppe fortgeschriebene Studienreihe zu gruppenbezogener Menschenfeindlichkeit kommt in ihrer Ergebnispräsentation zur Feststellung von klassistischen Einstellungen in der bundesdeutschen Bevölkerung: 36% der Menschen empfinden Obdachlose in den Städten als unangenehm. 34% der Befragten stimmen der Meinung zu, dass Obdachlose arbeitsscheu und selbst schuld an ihrer Lage seien. 64% der Befragten waren der Meinung, dass denjenigen, die an ihrer Not selbst schuld seien, nicht geholfen werden sollte und nur diejenigen Anspruch auf Unterstützung haben sollten, die etwas für die Gesellschaft leisteten (vgl. Zick/Küpper 2006, 226f.) Solche Sichtweisen entstehen nicht automatisch oder zwangsläufig, sondern sind Resultate von komplexen, strukturellen Diskriminierungsprozessen mit einer langen Geschichte. Bislang gab es dafür keinen eigenständigen Begriff. Mit dem Begriff Klassismus und der Formulierung von Klasse als Konstruktion werden neue Felder für das Denken von Macht- und Herrschaftsmechanismen in der Gesellschaft eröffnet. Häufig stößt der unbekannte Begriff noch auf Erstaunen, Ablehnung oder Verwechslungen.

1.1. Was Klassismus nicht bedeutet

Klassismus und Klassizismus, Letzterer zuweilen auch als Klassismus bezeichnet und genauso geschrieben, werden häufig verwechselt. Klassizismus meint aber eine Stilrichtung in Architektur und Malerei. Diese ist zwar aus heutiger Sicht auch ein Spiegel von Herrschaftsverhältnissen. Zunächst war der Klassizismus jedoch auf die bürgerliche Emanzipation vom Adel orientiert. Der Begriff ist also durchaus mit Klassengeschichte verwoben, auch wenn er etwas ganz anderes meint als der in diesem Buch verhandelte Begriff »Klassismus«. Auch nicht gemeint ist mit dem Begriff Klassismus, dass die Klassenunterschiede in Theoriedebatten zu sehr betont werden. Es gibt marxistische Theoriedebatten, in denen mit dem Begriff »Klassismus« die verkürzte Sichtweise der Gesellschaft als Klassengesellschaft kritisiert wird. Klassismus als Ideologiekritik ist hingegen ein Bestandteil von Klassismusanalysen und soll im Folgenden vorgestellt werden.

1.2 Klassismus und der Klassenbegriff

Die erste Frage, die zum Begriff in der Regel gestellt wird, lautet: Was ist denn mit Klasse überhaupt gemeint? Meint ihr einen Klassenbegriff, der sich auf Marx bezieht oder auf Bourdieu oder auf Max Weber oder ...? Und ist der Begriff Klasse nicht überholt? Ist es nicht besser von Schicht oder Milieu zu sprechen?

Mit diesen Fragen wird eine Orientierung an bürgerlichen, akademischen Definitionen und den entsprechenden, in diesem Milieu bekannten Personen selbstverständlich vorausgesetzt. Im Kontext der Debatten um Klassismus ist jedoch ein eigener Klassenbegriff konstruiert worden. Dieser Klassenbegriff unterscheidet sich von den genannten Richtungen: Zum einen wird zwar eine Position der Gruppen, um die es hier vorrangig geht, im Produktionsprozess zum Ausgangspunkt genommen, zugleich geht es aber nie ausschließlich um diese ökonomische Stellung im Produktionsprozess, sondern immer auch um die Aberkennungsprozesse auf kultureller, institutioneller, politischer und individueller Ebene. Dementsprechend finden wir dort verschiedene Personengruppen (z.B. lateinamerikanische Hausarbeiter*innen; Schwarze Minenarbeiter*innen; lesbische Obdachlose; jüdische Bürgergeld-Bezieher*innen) mit unterschiedlichen Ausgrenzungserfahrungen wieder, die sich auch überschneiden. Aus diesen Erfahrungen heraus wurde der Klassismusbegriff entwickelt. Diese Idee von Klasse beschreibt Menschen, die ökonomisch und kulturell in der Gesellschaft verortet sind bzw. werden und daraus resultierend Diskriminierungs- und Unterdrückungserfahrungen machen. Diese sind der Ausgangspunkt von Klassismus- und Antiklassismusreflexionen. Classism ist abgeleitet vom Begriff »class«, mit dem im angloamerikanischen Raum unterschiedliche theoretische Ansätze und Schwerpunktsetzungen gemeint sein können: class, social class, social-economic class. Wie diese ökonomische Bestimmung erfolgt, ist abhängig vom jeweiligen theoretischen Bezugspunkt. Dem in der Antiklassismus-Bildungsarbeit verwendeten Begriff von »class« liegt in der Regel eine Unterteilung in folgende Klassen zugrunde:

- Ruling Class: herrschende politische Klasse
- Owning Class/Rich: besitzende Klasse, die andere für sich arbeiten lassen kann, ohne selbst unbedingt arbeiten zu mussen

- Middle Class: hohe Einkommen, hoher Bildungsgrad, hohe Sicherheitsfaktoren
- Upper-Middle-Class: höhere Einkommen, gut qualifizierte Jobs
- Lower-Middle-Class: geringere und weniger stabile Einkommenssituation, weniger qualifizierte, instabile Jobsituation
- Working Class: Arbeiter*innenklasse. Haushalte deren Einkommen auf einer nach Stunden entlohnten Arbeit basiert
- Lower Class/Poor People: Haushalte, deren Einkommen es schwierig macht, die materiellen Grundbedürfnisse des Lebens abzudecken.
  (Adams 1997, 238)

Die Debatte um Klasse, Schicht und Milieu in der Bundesrepublik ist vielfältig, von fächerspezifischen und unterschiedlichen politischen und wissenschaftlichen Konzepten bestimmt (vgl. u.v.a. Boccara u.a. 2003; Ritsert 1998; Vester/Gardemin 2001). Betrachten wir die Wissenschaftler und Autoren, so wird deutlich, dass die Bezugspunkte häufig Theorien von Männern (wie Friedrich Engels, Karl Marx, Max Weber) sind, die entweder aus den sogenannten Mittel- und Oberschichten stammen oder aber zumindest in diesen Schichten Anerkennung erfahren. Ihre Bedeutung und ihre Begriffe für Wissenschaft, Forschung und Philosophie wurden in einem Herrschaftssystem, das klassenstrukturiert ist, konstruiert, und ihre eigene Position in diesem System (Geschlecht, soziale und ›ethnische‹ Herkunft) wurde zu wenig reflektiert.

Um zu verdeutlichen, was wir damit meinen, gehen wir weit in der Geschichte zurück, bis in die Entstehungsphase des industriellen Kapitalismus, also nach Manchester im Jahr 1839/40, mitten hinein in den Manchesterkapitalismus.

In dieser Zeit findet der Begriff ›Classism‹ (Klassismus) zum ersten Mal Erwähnung und scheint somit der mit Ab-

stand älteste der Antidiskriminierungsbegriffe zu sein[1]. Er wird in dem Buch *Passage in a Life of a Radical* (1839-41)[2] von Samuel Bamford, einem Funktionär der Arbeiter*innenbewegung von Manchester, verwendet. Im 31. Kapitel schreibt Bamford vom »verächtlichen Gefühl des Klassismus«, dem Fluch Englands und der Engländer und auch der Engländerinnen« (*Bamford 1839-41, https://minorvictorianwriters.org.uk/bamford/c_radical_(9).htm).*
Samuel Bamford war Weber und Lagerarbeiter in Manchester in der ersten Hälfte des 19. Jahrhunderts. Es handelt sich um jene historische Phase, die als ›Manchesterkapitalismus‹ bekannt wurde, also die Form von Gesellschaftsordnung, die Thomas Piketty als »Eigentumsgesellschaft« bezeichnete: eine vom Kapitalismus geprägte Gesellschaft, in der es weder allgemeines Wahlrecht noch Arbeitsrechte, noch allgemeine Schulbildung, noch Verbot von Kinderarbeit, noch Sozialversicherung, noch Arbeitslosenversicherung gab. Dies alles wurde erst nach und nach von der Arbeiter*innenbewegung, von Menschen wie Samuel Bamford, erkämpft. Bamford führte 1819 eine Gruppe von ca. eintausend Arbeiter*innen zum St. Peters Field, einem Platz in Manchester. Dort versammelten sich 60.000 bis 100.000 Arbeiter*innen, die für Parlamentsreformen, einen eigenen Abgeordneten und gegen die Korn-Gesetzgebung protestierten. Dieser friedliche Protest wurde brutal angegriffen, die Kavallerie hieb mit Säbeln auf die Arbeiter*innen ein und trampelte Hunderte mit ihren Pferden nieder. Mindestens 15 Arbeiter*innen wurden bei diesem staatlichen Angriff im Auftrag der herrschenden Klasse ermordet. Bamford wurde neben dem wohlhabenden Henry Hunt und

1 Der Begriff ›Rassismus‹ entstand z.B. erst im späten 19. Jahrhundert.

2 In Deutschland konnte der Begriff hingegen erst anderthalb Jahrhunderte später nachgewiesen werden. Dies ist auch ein Versäumnis des Marxismus, denn Friedrich Engels hätte diesen Begriff bereits vor Ort zur Kenntnis nehmen können.

anderen Radikalen der Prozess gemacht. Hunt wurde zu 30 Monaten, Bamford zu einem Jahr Gefängnis verurteilt. Dieses Vorwissen ist zum Verständnis der folgenden Passage aus dem oben genannten Buch wichtig, in der Bamford das Geschehen mit dem Begriff ›Classism‹ skizziert. Bamford schildert eine Szene, aus der Zeit, als der Prozess gegen ihn und Hunt stattfand, und in der Hunt ein verletzendes und klassistisches Verhalten an den Tag legte.

»Eine Zeugin aus Middleton, eine verheiratete Frau, hat in beeindruckender Weise ein sehr wichtiges Zeugnis abgelegt und sollte am nächsten Morgen nach Hause zurückkehren. Bevor sie ging, wollte sie Mr. Hunt sehen, um die Ehre zu haben, zu sagen, dass sie dem großen Mann die Hand geschüttelt hatte. Ich bot ihr an, sie einzuführen, und wir gingen zu Hunts Wohnung, aber er war nicht da, und man verwies uns an eine Kneipe, den ›Schwarzen Schwan‹, glaube ich, in der Coney Street. Dort fanden wir heraus, dass Hunt, Bryant und einige andere oben waren, und ich meldete meinen Namen an, und nachdem wir eine kurze Zeit an der Bar gestanden hatten, sagte der Kellner: ›Mr. Hunt ist nicht zu sprechen, er ist beschäftigt.‹ Ich dachte, es müsse sich um einen Irrtum handeln, und bat den Mann, Herrn Hunt zu grüßen und ihm zu sagen, dass ich ihn gerne kurz sehen würde. Der Mann tat dies und kam mit demselben Ergebnis zurück. Ich war beschämt und beleidigt, weil ich so beleidigt worden war; aber ich war entschlossen, dass er keinen Grund haben sollte, sich auf ein Missverständnis zu berufen, und bat den Kellner, noch einmal hinaufzugehen und zu sagen, dass eine Dame, die nach Lancashire gehen würde, sich von ihm verabschieden wolle. Der Diener war sehr zuvorkommend, ging erneut hinauf und kehrte wie zuvor zurück: ›Mr. Hunt war nicht zu sehen.‹ Am nächsten Morgen nahm ich in einiger Entfernung von ihm im Hof Platz, und erst nach wie-

derholten Bitten seinerseits und vielen inbrünstigen Bekundungen des Bedauerns nahm ich die Unterhaltung mit ihm wieder auf. Aber ich hätte es kaum rechtfertigen können, wenn ich es zugelassen hätte, dass irgendeine persönliche Beleidigung mich während des Prozesses von ihm entfremdet hätte. Ich hielt die Sache für zu groß, zu heilig, um durch irgendeinen Umstand, der einen so bescheidenen Menschen wie mich betraf, auch nur im Geringsten verletzt zu werden. Ich war in der Tat zu einfältig, zu aufrichtig und zu großmütig für die Situation, in der ich mich befand; und erst nachdem mir mehrfach Betrug und Undankbarkeit vorgeworfen worden waren, lernte ich (wenn ich es denn bis heute getan habe), die Menschen nach ihrem wirklichen Wert zu schätzen. Ich erzähle dies als ein Beispiel für den Umgang und das Vertrauen, das zwischen uns in York herrschte. Dasselbe wirklich verachtenswerte Gefühl des Klassismus, der Fluch Englands und der Engländer und auch der Engländerinnen, herrschte in allzu großem Maße unter den Zeugen.«[3]

Es ist unwahrscheinlich, dass Bamford sich den Begriff ›Classism‹ ausgedacht hat, da er ihn mit einer großen Selbstverständlichkeit benutzt. Wir können davon ausgehen, dass der Begriff im Arbeiter*innenmilieu von Manchester in der ersten Hälfte des 19. Jahrhunderts bereits kursierte, dass der Begriff allerdings kaum von denen verwendet wurde, die in der Lage waren, Bücher und Artikel zu schreiben. Wer publizieren konnte, gehörte in der Regel nicht zu den Arbeiter*innen, Bamford war da eine Ausnahme. Der Begriff ›Classism‹ wandte sich u.a., wie in diesem Fall, gegen Reiche, die aufseiten der Arbeiter*innen kämpften, aber dennoch Klassenunterschiede im persönlichen Alltag bestehen ließen. Vielleicht erklärt dies auch, warum Friedrich Engels den Begriff ›Classism‹ in seiner Studie Die Lage der arbei-

3 Soweit nicht anders vermerkt, sind die Zitate von den Herausgeber*innen übersetzt.

tenden Klasse in England nicht erwähnte.
Uns ist nicht bekannt, dass Marx oder Engels irgendwo den Begriff ›Classism‹ oder ›Klassismus‹ benutzten, obwohl sie über die Klassengesellschaft schrieben.
Engels war wohlhabend und ähnelte damit Henry Hunt. Der zwanzigjährige Engels reiste 1842 nach Manchester, um sich dort in der Textilfabrik *Ermen&Engels* seines Vaters mit der Arbeit von Fabrikanten vertraut zu machen. Er lernte dort die irische Baumwollspinnerin Mary Burns kennen und begann eine Beziehung mit ihr. Wahrscheinlich stammt viel von dem Wissen über die Lage der Arbeiter*innenklasse in England von Mary Burns.
Trotz seiner Beziehung mit Mary Burns finden sich in Engels *Die Lage der arbeitenden Klasse in England* Schilderungen über irische Arbeiter*innen, ihre »keltische Physigonomie« im Vergleich zur »sächsischen« der Engländer*innen, die eindeutig rassistisch sind:

»Überall, wo ein Bezirk sich durch besondern Schmutz und besondern Verfall auszeichnet, kann man darauf rechnen, vorzugsweise diese keltischen Gesichter anzutreffen, die man auf den ersten Blick von den sächsischen Physiognomien der Eingebornen unterscheidet.« (Engels 1845/1972, S. 321)

Tatsächlich bezog sich Engels in diesem Kapitel direkt auf den Rassisten Thomas Carlyle und distanzierte sich nur halbherzig von dessen »übertriebene[r] und einseitige[r] Verwerfung des irischen Nationalcharakters«. Im Gegensatz zur Bezugnahme auf Thomas Carlyle, den Sohn eines wohlhabenden schottischen Pächters, findet sich keine Erwähnung des Manchester-Arbeiters Samuel Bamford. Dies verwundert, da Edward P. Thompson in seinem Werk *The Making of the Englisch Workingclass* schrieb, dass Bamfords *Passages in the Life of a Radical* eine unverzichtbare Lektüre (»essential reading«) sei. Bamford sei laut Thompson

»the greatest chronicler of 19th century radicalism«.

Engels betrachtete trotz seiner Nahaufnahme in Manchester die Arbeiter*innenklasse sehr formalistisch, es ging ihm darum, ihre *klassische Form* herauszuarbeiten, ihre *Klassizität* zu benennen.

»Die proletarischen Zustände existieren aber in ihrer klassischen Form, in ihrer Vollendung nur im britischen Reich, namentlich im eigentlichen England [...] Für Deutschland insbesondere hat die Darstellung der klassischen Proletariatszustände des britischen Reichs – und namentlich im gegenwärtigen Augenblick – große Bedeutung. [...] Und wenn auch die proletarischen Zustände Deutschlands nicht zu der Klassizität ausgebildet sind wie die englischen, so haben wir doch im Grunde dieselbe soziale Ordnung, die über kurz oder lang auf dieselbe Spitze getrieben werden muß, welche sie jenseits der Nordsee bereits erlangt hat – falls nicht beizeiten die Einsicht der Nation Maßregeln zustande bringt, die dem ganzen sozialen System eine neue Basis geben. « (Engels 1845/1972, 232f.)

Wenn die Arbeiter*innenklasse ihre Reinform, ihre Klassizität, erreicht habe – und dies sah er nach den Unruhen von 1843, als sich die Interessen der ›Chartisten‹ von denen der liberalen Fabrikbesitzer trennten, als gegeben –, müsste es unmittelbar zur Revolution kommen, die Engels auf die zweite Hälfte der 1850er-Jahre datierte:

»Das sind alles Schlüsse, die mit der größten Bestimmtheit gefolgert werden können, Schlüsse, deren Voraussetzungen unbestreitbare Tatsachen, einerseits der geschichtlichen Entwicklung, andrerseits der menschlichen Natur sind. Das Prophezeien ist nirgends so leicht als gerade in England, weil hier alles so klar und scharf in der Gesellschaft entwickelt ist. Die Revolution muss kom-

men, es ist jetzt schon zu spät, um eine friedliche Lösung der Sache herbeizuführen.« (Engels1845/1972,504f)

Engels irrte sich. Es kam bis heute zu keiner Revolution in England. Im Gegenteil. Vielleicht lag Engels richtig in seiner Einschätzung der geschichtlichen Entwicklung, nicht jedoch in der Einschätzung einer so von ihm benannten »menschlichen Natur«. Dieses Bild war bei ihm verzerrt, geprägt durch die Distanz seiner Herkunft und einer noch allzu wohlwollenden Lektüre von Rassisten. Sehr viel realistischer schätzte Samuel Bamford die Entwicklung ein. Bis zum Peterloo-Massaker und vor allem unmittelbar danach war Bamford in seiner politischen Strategie noch ein Radikaler. Die Brutalität, mit der nach und nach die Demonstrationen niedergeschlagen wurden, machten ihn zu einem Reformer, der vor allem auf Arbeiter*innenbildung setzte. Martin Hewitt arbeitete 1991 in seinem Aufsatz »Radicalism and the vitorian working class: The case of Samuel Bamford« heraus, dass Bamford trotz seiner Positionierung gegen den Chartismus und trotz seiner Kollaborationen mit Vertretern des Kapitals seine Ziele einer klassenlosen Gesellschaft nie aus den Augen verlor. Bamford fehlte die marxistische Analyse. Engels aber hatte auf ›das falsche Pferd gesetzt‹, als er sich auf Thomas Carlyle statt auf Samuel Bamford bezog. Es wäre viel gewonnen gewesen, wenn Engels sich nicht mit dem »Gods Trick« (Donna Haraway) zum objektiven Betrachter gemacht hätte, in dem er sich und seine eigene Herkunft aus dem Spiel nahm, sondern wenn er »streng objektiv« (Sandra Harding) sich selber aufgrund der Herkunft auf rassistische, sexistische und klassistische Befangenheiten überprüft hätte.
Es geht nicht darum, Engels und Bamford gegeneinander auszuspielen. Aber ein objektiverer, materialistischer Blick hätte Engels Analyse gutgetan. So aber war auch Engels' Analyse der arbeitenden Klasse von England

vom Klassismus ›verflucht‹.

Britische Autor*innen schlagen deshalb vor, ›working class‹ nicht zu definieren und somit auch keinen autoritativen Bezugspunkt zu setzen, andere plädieren für einen Definitionsmix aus verschiedenen Theorien und eine ständige Veränderung und Überprüfung des Begriffs (Linkon 1999, 3f.). Diese Herangehensweise scheint sich auch im Kontext von Klassismusstudien und Working-Class-Studien durchzusetzen. Es geht in erster Linie um die Beschreibung der Phänomene von Klassismus und die Sensibilisierung für neue Sehweisen, weniger um begriffliche Schärfe und starre Definitionen. In diesem Zusammenhang ist »Ausbeutung« ebenfalls ein zentraler Begriff, weil er das Benutzen und Funktionalisieren von Menschen zu thematisieren erlaubt.

»Der Klassenbegriff ... bezeichnet eine Gegensatzbeziehung auf Basis verschiedener Interessen; er impliziert Konflikt, Kampf oder Auseinandersetzung auf verschiedenen Ebenen gesellschaftlicher Realität sowie eine Dimension des Politischen. Die entscheidende Differenz zum Schichtbegriff ist aber wohl ›Ausbeutung‹ ...« (Frerichs 1997, 30).

Mit Ausbeutung sind »Ausbeutungsbeziehungen aufgrund verschiedener Ressourcenausstattungen« gemeint. Dadurch wird ein System sozialer Ungleichheit produziert, welches sich nicht allein durch die materiell strukturierten Ausbeutungsverhältnisse aufrecht erhalten lässt, sondern mit dem Begriff »social class« auch so beschrieben werden kann, dass es sich um Gruppen von Menschen handelt, die durch Zuschreibungen von außen und Selbstzuschreibungen als soziale Gruppe konstituiert werden.

1.3 Ökonomie und Klassismus

Wenn von Klassismus gesprochen wird, liegt die Annahme zugrunde, dass mit dem ökonomischen Status in der Gesellschaft unterschiedliche außerökonomische Anerkennungsformen und Wertschätzungen einhergehen. Dementsprechend wird Klassismus definiert als:

»Das institutionelle, kulturelle und individuelle Repertoire an Praxen und Vorstellungen, durch die Menschen aufgrund ihres unterschiedlichen ökonomischen Status´ ein unterschiedlicher Wert zugeschrieben wird; dies im Kontext eines ökonomischen Systems, durch das massive Ungleichheit bis hin zu Armut produziert wird« (Adams 1997).

Die Produktion bzw. das Vorhandensein von Ungleichheit beschreibt aber noch keinen Diskriminierungs- und Unterdrückungszustand. Ungleichheit wird von konservativen und neoliberalen Theoretiker*innen ebenso gerechtfertigt wie von sozialistischen oder sozialdemokratischen. Klassismus liefert als affirmativer »Negativ«begriff, ebenso wie racism, sexism, heterosexism u.a., zunächst einmal eine Grundlage dafür, bestehende Verhältnisse in ihren unmenschlichen und brutalen Formen zu beschreiben, zu kritisieren, sich grundsätzlich dagegen zu positionieren und Alternativen sichtbar zu machen:

»Klassismus kann definiert werden als die systematische Unterdrückung einer Gruppe durch eine andere, basierend auf ökonomischen Unterscheidungen, oder genauer formuliert: basierend auf der Position einer Person innerhalb des Produktions- und Distributionssystems.« (Barone o.J., 8).

Dabei wird immer davon ausgegangen, dass die ökonomische Distinktionslinie mit weiteren Distinktionslinien verknüpft ist:

»Klassismus ist die systematische Unterdrückung der armen Menschen und der Lohnabhängigen durch diejenigen, die Zugang zur Kontrolle der für alle zum Leben

notwendigen Ressourcen haben. Klassismus wird ebenso aufrechterhalten durch ein Glaubenssystem, in dem Menschen aufgrund ihres ökonomischen Status', ihrer Kinderzahl, ihres Jobs, ihres Bildungsniveaus hierarchisiert werden. Klassismus sagt, dass Menschen aus einer höheren Schicht klüger sind und sich besser artikulieren können als Menschen aus der Arbeiterklasse oder arme Menschen. Es ist eine Art und Weise, Menschen klein zu halten – damit ist gemeint, dass Menschen aus der höheren Klasse und reiche Menschen definieren, was ›normal‹ oder ›akzeptiert‹ ist. Viele von uns haben diese Standards als die Norm akzeptiert, und viele von uns haben den Mythos geschluckt, dass die meisten im Land zur Mittelklasse gehören.« (Handbook of Nonviolent Action).

Klassismus beschreibt ein System der Zuschreibung von Werten und Fähigkeiten, die aus dem ökonomischen Status´ heraus abgeleitet oder besser: erfunden und konstruiert werden:

»Klassismus ist die systematische, charakteristische Zuschreibung von Wert und Fähigkeit basierend auf sozialer Klassenzugehörigkeit. Klassismus schließt Folgendes ein: individuelle Haltungen und Verhaltensweisen; politische Systeme und Praxen, die eingesetzt werden, um den höheren Klassen auf Kosten der unteren Klassen Vorteile zu schaffen, daraus resultieren drastische Einkommens- und Reichtumsunterschiede; die Rationalität, die diese Systeme unterstutzt und die Ungleichheit bewertet; die Kultur, die das immer wieder hervorbringt.« (Vgl. http://www.classism.org/ [20.6.2006])

Klassismus verbindet im Grundverständnis die alten Kritikformen der Arbeiter*innenbewegung an materiellem Elend und politischem Ausschluss mit der Kritik an der Nichtanerkennung und der Herabsetzung von Kulturen und Leben von Arbeiter*innen, Arbeitslosen und Armen.

Die Überwindung von Diskriminierung muss dementsprechend auf allen Ebenen geschehen, weil diese sich wechselseitig bedingen. So sind der Nichtzugang zu Arbeit, die niedrige Entlohnung, unwürdige Arbeitsbedingungen und lange Arbeitszeiten Formen von Diskriminierung. Diese werden aber von den besitzenden und politisch herrschenden Klassen für richtig befunden. Denn es wird unterstellt, dass diejenigen, die diese Arbeiten verrichten, ihre Chancen, es anders zu machen und sich eine andere Arbeit zu suchen, nicht nutzen oder genutzt haben, weil sie, so die kulturellen stereotypen Konstruktionen, »zu faul«, »zu dumm«, »zu bequem«, »zu ungebildet«, »zu unqualifiziert« (Barone o.J., 12ff.) etc. seien, sie letztlich durch die unterstellte Kultivierung und Inszenierung dieser Eigenschaften selbst die Schuld für ihre Situation trügen. Wenn sie sich dann politisch organisieren wollen, um diese Situation zu verändern, werden sie wiederum wegen dieser Ansprüche kritisiert: zum Beispiel wird ihnen unterstellt, »dass sie den Hals nicht voll genug bekommen«, »dass sie die Wirtschaft und damit andere Existenzen gefährden« und »dass sie offenbar genug Zeit zum Streiken hätten, weil sie nicht genügend Arbeit hätten«, etc. Dem Versuch, die eigene Situation zu verbessern, wird mit denselben diskriminierenden Argumentationslinien begegnet, wie der Ausschluss von materiellen Ressourcen begründet wird. Wenn es ihnen nicht gelingt, materielle Verbesserungen und politische Partizipation herzustellen, werden sie in dieser Lebensform wiederum abgewertet: Es wird ihnen deutlich gemacht, dass ihre Lebensformen weniger wert sind als die der Mittelklasse und anderer Klassen. Fehlende Zähne, abgewetzte Kleidung, den ganzen Tag fern- und DVD sehen, kein Interesse an sogenannter Hochkultur, Alkoholismus, Vernachlässigung von Kindern, promiske Lebensweisen, die Unfähigkeit erfolgreich zu handeln, der Mangel an Selbstkontrolle werden zu stereotypen Stigmatisierungen von Arbeitslosen, Arbeiter*innen und

Armen. Ressourcen und Kompetenzen sollen nicht festgestellt werden, weil der klassistische Blick solche gar nicht für möglich hält. Auf diese Weise bleiben Arme, Arbeitslose und Arbeiter*innen definitiv die »Anderen« und gehören »anderen« Welten an, von denen es sich zu separieren gilt, unter anderem indem sie abgewertet und gering geschätzt werden. Gleichzeitig gelingt es auf diesem Hintergrund, die gesellschaftliche Arbeitsteilung und ihre hierarchische Struktur sowohl in der Kontrolle über die Produktionsmittel als auch bezüglich der zur Verfügung stehenden Geldmenge immer wieder neu zu legitimieren. Dies ist aber allein durch ihre Existenz nicht möglich, es bedarf der direkten und unmittelbaren Diskriminierungsformen und Nicht-Anerkennungs- und Abwertungskulturen, um die materielle Ungleichheit aufrechterhalten zu können. Oder kurz gesprochen: Ohne Ideologien und Strukturen der Macht und Herrschaft keine ausbeuterische Verfügbarkeit über die Arbeitskraft von Menschen.

1.4 Verschiedene Ebenen von Klassismus

In Bildungskonzepten für die Antiklassismusarbeit wird »classism« zum einen als eigenständige Diskriminierungsform im oben beschriebenen Begriffssinne definiert, zugleich wird zur Beschreibung und Analyse auf ähnliche Kategorien wie bei den anderen Diskriminierungsformen zurückgegriffen (vgl. Adams 1997). Dabei wird davon ausgegangen, dass Klassismus in Form von Stereotypen, Vorurteilen und realem Handeln auf drei ineinandergreifenden Ebenen in der Gesellschaft hergestellt wird: auf der institutionellen, der kulturellen und der individuellen Ebene. Alle drei Ebenen können bewusst oder unbewusst hergestellt werden. So hat zum Beispiel die Unterstellung, Arbeiter*innen oder Arbeitslose oder Arme seien »dumm« zur Konsequenz, dass Lehrer*innen Schüler*innen aus diesen Familien anders behandeln und ihnen nicht den Besuch einer höheren

Schule zutrauen. Oder in einer politischen Gruppe wird gesagt, die Person mit dem akademischen Abschluss solle die Rede halten, weil sie eher ernst genommen würde. Es handelt sich bei der Herstellung von Klassismus also um einen komplexen, teils bewussten, teils unbewussten Prozess der Herstellung von hierarchischen Bewertungssystemen, abgeleitet aus der Klassenzugehörigkeit oder manchmal auch aus der vermuteten (zum Beispiel aufgrund von Kleidung, Sprache) Klassenzuschreibung. Ein ähnlicher Ansatz geht ebenfalls von drei Ebenen der Herstellung von Klassismus aus: Klassismus ist definiert durch: 1. einen unterschiedlichen Zugang zur Macht, 2. ökonomische Lebenschancen und 3. Anerkennung (Ransford 1994). Um die Unterschiede und ihre unterschiedlichen Bewertungen feststellen zu können, bedarf es der Analyse von materiellen Situationen ebenso wie der von kulturellen Kontexten. Dabei geht es bei einer Untersuchung von Diskriminierungsstrukturen gerade nicht darum, einfach nur Unterschiede festzustellen, sondern aufzuzeigen, was in der Gesellschaft höher bewertet wird und wie dieses System strukturell gestützt wird. So zeigt Meulenbelt (1988), dass Kinder aus Arbeiter*innenfamilien sowie dialektsprechende Kinder keineswegs einen geringeren Wortschatz haben als Kinder aus den die sogenannte Hochsprache sprechenden Mittelklassefamilien, sondern dass sie über einen anderen Wortschatz und auch andere Denkstrukturen verfügen, womit die von bürgerlichen Werten geprägte Schule nichts anzufangen weiß. Das kulturelle Kapital der vermeintlich unteren Klassen wird in der Schule gering geschätzt. (Barone o.J., 33). Dies wird im Kontext von Klassismusanalysen als massive Form von Diskriminierung verstanden, und damit geht die Kritik weit über das hinaus, was beim Thema »Zugang zum Bildungssystem« öffentlich diskutiert wird.

Die Lernkultur ist eine Mittelklassenkultur, und die Kultur »der anderen«, vermeintlich »unteren« Klassen, ist daran gemessen eine Defizitkultur. So wird Beteiligung am Bildungssystem als Zugang definiert, der die Defizite im günstigsten Fall aufheben soll. Im System selbst wird jedoch die Ausgrenzung hergestellt. Dabei werden im Bildungssystem Wertmaßstäbe gesetzt, an denen alle gemessen werden sollen, obwohl diese Ordnungen selbst ein Resultat von Diskriminierungsstrukturen sind (Weinbach 2006b). So kommt es häufig zu Ursache und Wirkung vertauschenden Zuschreibungen: die Lernbedingung von Kindern verschlechtert sich durch die materielle Situation, wie z.B. durch die Wohnverhältnisse, wenig Geld, beschränkter Zugang zu Ressourcen (Bibliotheken, Nachhilfeunterricht), mangelnde Zeit, weil die Existenz gesichert werden muss. Doch den Eltern wird pauschal vorgeworfen, sie behandelten ihre Kinder schlecht und kümmerten sich zu wenig um deren Bildung. Das zugrunde liegende komplexe Diskriminierungssystem rückt dabei selten oder gar nicht in den Blick. Letztlich kommt es immer wieder zur Individualisierung der Lebenssituationen, welche negativ bewertet sind. Über die herabsetzenden Zuschreibungen werden Verinnerlichungsprozesse in Gang gesetzt, die wiederum das Engagement blockieren können.

*»Wir Menschen aus der Arbeiter*innenklasse sind als Kinder schon konditioniert worden, gehorsam zu sein, uns selbst gering zu schätzen, zu denken, wir seien im Vergleich zu anderen Menschen dumm, uns machtlos zu fühlen, uns mit einfachen Wohnverhältnissen zufrieden zu geben, Unsicherheit als unvermeidbaren Fakt unseres Lebens anzusehen und uns in Gewalt- und Alkoholverhältnisse zu begeben.« (Jackins, zit.n, Barone o.J., 22).*

Differenzierte, Stereotype reflektierende und dekonstruierende Untersuchungen und Theoretisierungen, wie sie für die Frage der Gendersozialisation mittlerweile zahlreich produziert werden, stellen hinsichtlich der

Effekte von Klassensozialisationen eine Forschungs- und Bildungslücke dar: »Eine Theorie über die frühe Klassensozialisation, darüber wie wir gleichzeitig mit einer Geschlechtsidentität und einer ethnischen Identität auch eine Klassenidentität erwerben, existiert fast gar nicht« (Meulenbelt 1988, 83). Meulenbelt verweist auf das bereits 1972 erschienene Buch von Sennett und Cobb über »The Hidden Injuries of Class« (»Die versteckten Verletzungen aufgrund von Klasse«). Diese Studie über Männer aus der amerikanischen Arbeiterklasse zeigt deren Geringschätzung der eigenen Tätigkeit und das damit verbundene schlechte Gewissen, nicht mehr erreicht und dem Klassenmobilitätsideal nicht entsprochen zu haben. Es werden auch die strukturellen Zwänge deutlich, zum Beispiel steht auf der einen Seite der Wunsch, Zeit mit ihren Kindern zu verbringen, sie auch in Hinblick auf eine bessere Zukunft zu unterstützen. Zugleich ist diese potentiell bessere Zukunft an materielle Ressourcen gebunden, die nur durch Mehrarbeit erreicht werden können, und diese bedeutet weniger Zeit für Kinder und Familie. Aber Konsum und die damit verbundenen Freizeitaktivitäten tragen zur Wertschätzung in der Gesellschaft bei. Barone beschreibt die Verinnerlichungsprozesse von Abwertungen als Missbrauch und fordert die Anerkennung und Abschaffung der ihnen zugrunde liegenden diskriminierenden Systeme (Barone o.J., 26). Es gilt, die Bedeutung der Auswirkungen von Klassenverhältnissen auf viele Bereiche des Lebens anzuerkennen: »... als Resultat der Klasse, in die du geboren und in der du aufgewachsen bist, prägt Klasse dein Verstehen der Welt und deine Anpassung daran; es setzt sich aus Ideen, Verhaltensweisen, Haltungen, Werten und Sprache zusammen; Klasse bestimmt, wie du denkst, handelst, aussiehst, redest, dich bewegst, läufst; Klasse zeigt, in welchen Geschäften du kaufst, in welchen Restaurants du isst; Klasse meint die Schulen, die du besuchst, die Bildung, die du erhältst; Klasse bestimmt die Jobs, die du im Laufe deines Lebens ausübst ... Wir erfahren Klasse auf allen Ebenen unseres Lebens ... Mit anderen Worten: Klasse ist sozial konstruiert und alles umfassend. Wenn wir Klasse erfahren, dann aufgrund unseres Mangels an Geld ... und weil wir auf eine bestimmte Art und Weise sprechen, denken, handeln, uns bewegen, also aufgrund unserer Kultur« (Langston, zit. n.Barone o.J., 10).

Da alle Menschen Klassenerfahrungen auf unterschiedliche Weise machen, unterscheiden Liu, Soleck und andere zwischen mehreren Formen von Klassismus: Klassismus nach oben: »upward classism«, Klassismus nach unten: »downward classism«, Klassismus innerhalb einer sozioökonomischen Klasse (auf diese Weise soll ein Ausstieg aus der jeweiligen Klasse verhindert werden): »lateral classism«, und internalisierter Klassismus: »internalized classism« (Liu/Soleck u. a. 2004, 108). Diese Differenzierungen nehmen auch Adams und andere (1997) vor, eingedenk dessen, dass Vorurteile auch von Seiten der Arbeiter*innenklasse zum Beispiel gegenüber Reichen oder Intellektuellen existieren und Personen der Mittelklasse Unfreiheiten und Einschränkungen aufgrund ihrer Klassenzugehörigkeit erfahren. Gilles (2004) zeigt in ihrer Studie, wie die Mittelklassenkultur die Möglichkeiten von Kindern einschränkt und diesen sehr rigide die Normen der Mittelklassenkultur und der Leistungsgesellschaft beibringt, so dass es für diese Kinder schwer ist, sich gegen ein Studium und für andere Wege zu entscheiden. Dem liegt das gesellschaftliche System der unterschiedlichen Bewertung und Wertschätzung von Arbeit und Tätigkeit zugrunde, welches Eltern auch ihren Kindern weitervermitteln. Allerdings betonen sowohl Adams als auch Moon und Rolison, dass Vorurteile zwar in allen Klassen existieren, dass Klassismus jedoch eine Top-Down-Praxis sei, die wesentlich auf strukturell bedingten Privilegien (»structural advantage«) beruht (Moon, Rolison 1996, 132). Iris Marion Young spricht auch von »structural injustice« (struktureller Ungerechtigkeit) und meint damit ein komplexes Geflecht von Handlungen in Institutionen, die Menschen systematisch bedrohen und herabsetzen (Deprivation), während es anderen gleichzeitig ermöglicht wird, ihre Kapazitäten zu entwickeln und andere zu beherrschen (Young 2004).

1.5 Klassismus als Ideologie und Konstruktion

Klassismus umfasst ideologische Strukturen, die auch in anderen Unterdrückungsformen Anwendung finden. Er funktioniert über Naturalisierung, Kulturalisierung, dichotome Oben-Unten-Konstruktionen, Institutionalisierung und sprachliche Zuschreibungen.

1.5.1 Naturalisierung

Unter Naturalisierung ist zu verstehen, dass gesellschaftliche Probleme, die durch soziale Aushandlungsprozesse gelöst werden müssten, ins Reich der Natur verbannt werden und damit als unverhandelbar gelten. Wenn jemand von Natur aus dumm wäre, könnte man ihm auch nicht durch ein besseres Schulsystem helfen. Momentan haben diese Naturalisierungen (auch Biologismen genannt) Hochkonjunktur. Zwar sehen selbst die Neo-Konservativen in den Vereinigten Staaten den Streit um die »Vererbung der Intelligenz« über das Buch »The Bell Curve« als verloren (so ein Beitrag in einem von Samuel Huntington herausgegebenen Buch »Culture Matters«), dennoch spielt die Annahme, dass Intelligenz oder intellektuelle Begabung messbar seien, eine untergründige Rolle in der aktuellen bundesrepublikanischen Bildungs- und Sozialpolitik. Dies spiegelt sich sowohl in Begriffen wie »Chancengerechtigkeit«, »Begabungsgerechtigkeit« und »Hochbegabung« wider als auch im Medienhype »Deutschland stirbt aus« bzw. »In Deutschland bekommen die Falschen die Kinder« (dieser spezielle Fall von Biologismus wird »Demografisierung« genannt (vgl. KAP 4.3.)). In der jahrhundertealten Geschichte des Klassismus stoßen wir immer wieder auf die Behauptungen von der Naturgegebenheit der Fähigkeiten von Menschen und der damit legitimierten Klassenordnungen. Klassiker wie Aristoteles und viele andere gehören zu den Klassismus produzierenden Denkern: »Die Natur hat die Tendenz, auch die Körper der Freien und der Sklaven verschieden zu gestalten, die einen kräftig für die Beschaffung des Notwendigen, die andern aufgerichtet und ungeeignet für derartige Verrichtungen, doch brauchbar für das politische Leben (...) Es ist so klar, dass es von Natur Freie und Sklaven gibt und dass das Dienen für diese zuträglich und gerecht ist« (Aristoteles 1984, 54).

Wie Stephan Jay Gould (Gould 1984) zeigte, wurden bis ins späte 20. Jahrhundert hinein immer wieder bewusst Forschungsergebnisse gefälscht oder erfunden, um eine angeblich biologisch fundierte Vorrangstellung bestimmter Gesellschaftsgruppen zu behaupten.

1.5.2 Kulturalisierung

Die Kulturalisierung hat denselben Effekt wie die Naturalisierung: die Möglichkeiten des emanzipatorischen gesellschaftlichen Handelns werden eingeschränkt. Nur werden in diesem Fall die zu verhandelnden Widersprüche nicht in die »Natur« verbannt, sondern in die »Kulturen«, die quasi naturgegeben, auf jeden Fall aber nur sehr langsam wandelbar sind. Ein typischer Vertreter dieser Kulturalisierung in Deutschland ist Paul Nolte. Nach Nolte, einem jungen Konservativen, müssen wir anerkennen, dass wir in einer Klassengesellschaft leben (Nolte 2004). Und dies sei ja auch gut so, da nur soziale Ungleichheit Zivilität hervorbringe. Jede Schicht habe ihre eigenen Kulturen und bräuchte sie auch. Allerdings sei heute die »Neue Unterschicht« zu sehr in eine ungesunde Kultur abgerutscht, die »wir« ändern müssten, in dem »wir« »ihnen« die »bürgerliche Leitkultur« zum Maßstab geben. Parallel zum Zerrbild der Neuen Unterschicht kam ein Diskurs um die Neue Bürgerlichkeit auf: »Benimm ist in« titelten die Magazine von Focus (v. 29.12.2003) bis Spiegel (v. 7.7.2003: »Nobel statt Nabel«) und lieferten die entsprechenden Parolen: »Zukunft braucht Herkunft«.

Paradoxerweise wird also den »Unterschichten« die Kultur der Unkultur, der Unkultiviertheit unterstellt. Kultur sei etwas, zu dem die beherrschten Klassen nicht fähig seien, allenfalls in Form der vermeintlich kulturlosen Massenkultur. Untersuchungen über die Kultur von Armen und Arbeiter*innen sowie über deren Ver- und Bearbeitungsstrategien von Klassismus hingegen gibt es nur wenige. Einige Beiträge dazu hat die Armutsforschung geliefert (vgl. u.a. Beck/Meine 2007). Neuere Armutsforschungen unter dem Stichwort Resilienzforschung verlassen den defizitorientierten Blick auf arme Menschen. Sie erschließen neue Sichtweisen auf Menschen und kritisieren dennoch die strukturellen Faktoren, die zu Armut führen (vgl. Richter 2000, 2005). Für Klassismusanalysen findet sich hier aufschlussreiches Material. Andere ebenfalls notwendige Einblicke in Klassismusstrukturen gibt die in der Bundesrepublik bislang wenig praktizierte Reichtumsforschung (vgl. Krysmanski 2004).

1.5.3 »Oben« und »Unten«

Der Klassenbegriff ist einer der wenigen Begriffe, der ohne die Aufteilung in ein »Oben« und »Unten« auskommt. Ursprünglich stammt der Begriff »Klasse« aus der Aufklärung. Er wurde zunächst als Bezeichnung für die Einteilung naturwissenschaftlicher Phänomene benutzt, beispielsweise in Linnés »Classes Plantarum« (Die Klassen der Pflanzen).

Der horizontale Begriff »Klasse« löste den vertikalen Begriff »Stand« der Feudalgesellschaft ab. Das Ständedenken war eng verknüpft mit der kirchlichen Gebäudearchitektur, in der die »höheren« und »niedrigen« Stände bis auf zentimetergroße Unterschiede symbolisch abgebildet wurden. Wer in der gesellschaftlichen

Hierarchie »höher stand«, bekam auch einen höheren Stand in der Kirche zugewiesen. Es gab Kirchengebäude, die über einen Rost im Altarraum verfügten, in dem die Predigt stattfand. Darunter stand das »niedere Volk«, um von dort an den Segnungen der Kirche teilzuhaben: Oben war Gott näher, oben war der Himmel, unten die Hölle (Herrnstadt 1965, S. 11ff.).
Zwar ist auch der Klassenbegriff nicht gegen eine »Oben-Unten«-Hierarchie gefeit, was schon an der Redeweise „obere Klassen / untere Klassen« deutlich wird. Aber im Klassenbegriff selbst ist im Gegensatz zum Begriff Stand diese Hierarchie nicht angelegt. Und erst Recht verhält sich der Klassenbegriff neutraler zu einer wertenden Dichotomie als der Schichtenbegriff. Wenn der Klassenbegriff in Oben-Unten-Dichotomien benutzt wird (ganz extrem bei Engel, Blackwell und Kollat (1978): »Obere Oberklasse ... Untere Unterklasse«), dann bezieht er sich eher auf das Schichtmodell, wie es von Theodor Geiger 1932 entwickelt wurde. Der Begriff »Schicht« bzw. der Fachbegriff »Stratifikation« entstammt der Geologie und bezieht sich auf übereinander liegende Erdschichten. In der Schule durften wir das »Boltesche Zwiebelmodell« auswendig lernen, welches ebenfalls die Gesellschaft so abbildet, dass Reiche oben und Arme unten zu finden sind.
Inzwischen wurden von Rainer Geißler (2006) horizontale Differenzen im vertikalen Schichtmodell eingebaut, und die Soziologie arbeitet verstärkt mit dem Begriff des Milieus, welche sich sowohl neben- als auch übereinander befinden, aber das »Oben« und »Unten« wird nach wie vor abgebildet. Auch Pierre Bourdieus Konstruktion des sozialen Raumes (Bourdieu 1987) bedient das Modell, nach dem diejenigen mit viel Kapital »oben«, diejenigen mit wenigem Kapital »unten« sind. Die »Oben-Unten«-Dichotomie findet sich sogar in der Ungleichheitsforschung, wo unreflektiert »horizontale Ungleichheiten« neben »vertikale Ungleichheiten« ge-

stellt werden.
Während Feministinnen und Geschlechterforscher*innen in weiten Teilen der Gesellschaft eine Sprachsensibilisierung durchgesetzt haben und eine Strategie für eine gerechte Gesellschaft in der »Dekonstruktion« von Geschlecht sehen, sind wir von einer »Dekonstruktion von Klasse« noch weit entfernt. Dekonstruktion heißt, die Konstruiertheit von etwas aufzuzeigen und gegebenenfalls in der Praxis unerwartet neu zu konstruieren. Zwar gibt es berühmte Klassendekonstruktionsversuche wie die Hoch(!)stapelei des »Hauptmanns von Köpenick« (Zuckmayer 1995), und genau genommen ist jeder Bildungsaufstieg(!) sowie jeder Bildungs- oder soziale Abstieg eine Dekonstruktion von Klasse, doch im akademischen Feld wird Dekonstruktion von Klasse nur in Form der »Deklassierung« gedacht und gilt entsprechend als etwas Negatives. Eine Deklassierung meint nur den Wechsel von einer »höheren« in eine »untere« Klasse, nicht jedoch den Klassen»aufstieg«. Dies mag damit zusammenhängen, dass »Klasse« nicht nur ein Strukturierungsbegriff ist, sondern auch eine Eigenschaft beschreibt: man ist klasse, man hat Klasse.
Auch in linken Politiken finden sich diese Dichotomien, beispielsweise im gut gemeinten Spruch »Die Grenze verläuft nicht zwischen den Völkern, sondern zwischen Oben und Unten«. Wenn ein solcher Widerspruch formuliert wird, dann sollte bewusst sein, dass in der Hegelschen Dialektik und folglich im Marxismus die Front nicht zwischen »Oben« und »Unten« verläuft, sondern zwischen Bourgeoise und Proletariat, die als Gegner auf einer Ebene kämpfend gedacht werden und deren Widerspruch in der Diktatur des Proletariats aufgehoben werden soll. Es gibt also nur eine »Aufhebung« im geschichtlichen Verlauf, aber kein gleichzeitiges »Oben« und »Unten«. Die Klassen stehen im Widerspruch nebeneinander.
»Oben« und »Unten« sind nicht nur sozialspezifisch

zugeordnet, mit ihnen gehen auch Wertungen einher. Die »Unterschicht« wird gerade auch in jüngeren Medienberichten als »Unterwelt« dargestellt, die »Unterschichtler« als »Untermenschen«, die zu höherer Bildung nicht fähig seien. Die herrschenden Klassen werden nicht müde, immer neue Begriffe des »Oben« und »Unten« zu fabrizieren. So beherrschen Wörter wie »unterprivilegiert« (»privilegiert« und »diskriminiert« sind die Gegensatzpaare, nicht »privilegiert« und »unterprivilegiert« (=unterbevorteilt?)) die Medien, und es ist nur eine Frage der Zeit, bis der Begriff »unterbürgerlich« (Paul Nolte) den Unterschied von bürgerlich und proletarisch verkleistert.

1.5.4 Sprachliche Zuschreibungen

Klassismus steckt auch in der Sprache und in den von ihr transportierten Bildern. Von diesen müssen wir uns befreien, und dies erfordert einen achtsamen, respektvollen Umgang mit der Sprache. Leider ist Klassismus auch in der Diskursforschung bislang so gut wie gar nicht behandelt. Eine Auseinandersetzung mit Klassismus und mit Begriffen, die damit verbunden sind, muss diese auf Klassismusstrukturen und -kontexte hin untersuchen. Das Wissenschafts- und Diskurssystem ist entlang von Klassenlinien strukturiert, das heißt aber auch, dass die Wissenschaftskultur selbst von Klassismen durchzogen ist. Es setzt Prämissen, die nicht hinterfragt werden, da dies für die Forschenden hieße, sich selbst und ihre Eingebundenheit zu hinterfragen. Die derzeitige Wissenschaftskultur ist allenfalls schwach objektiv, wie Sandra Harding dies am Beispiel der Armutsforschung in den Vereinigten Staaten aufzeigte (Harding 2000).

»Wie sehr Unterdrückung und Sprachgebrauch miteinander verwoben sind, zeigt sich schon, wenn man versucht, auf eine nicht ›klassistische‹ Art zu schreiben. Wenn man die bestehende Ungleichheit nicht dadurch verfestigen will, indem man abwertende Begriffe den

Menschen gegenüber benutzt, die aufgrund ihrer Klasse unterdrückt werden. Die Klassenverhältnisse spiegeln sich in der Sprache wider« (Meulenbelt 1988, 63).

Und mit dieser Sprache von »Oben« und »Unten« sind Bilder über die Personen verbunden, die sich in den Köpfen mit Abwertungen und Aufwertungen der Menschen verknüpfen, Meinungen und Stereotype bekräftigen und immer wieder neu herstellen. Deshalb geht es bei Klassismus ebenso wie bei Sexismus-, Heterosexismus, Rassismus- oder Antisemitismusanalysen darum, eine Bewusstheit für die Sprache und ihre individuellen und politischen Folgen herzustellen und die Bedeutung eines anderen Sprechens und damit auch eines anderen Denkens zu thematisieren.

1.5.5 Institutionalisierung

Klassismus wird in den Institutionen und durch Institutionalisierungen über Gesetze, Ordnungen, Verträge etc. hervorgebracht. Als Erstes ist hier die Organisation der Arbeit zu nennen. Marxist*innen, Sozialdemokrat*innen sowie Gewerkschafter*innen haben über die Klassenausbeutungen viel und für Klassismusanalysen bedeutsames Material zusammengetragen. Auch die klassische Ausbeutung der Arbeiter*innen im Arbeitsprozess ist selbstverständlich eine Form von Klassismus. Wir gehen in unserem Buch nicht nur am Rande darauf ein, weil die Ausbeutung der Arbeiter*innen, Armen, Illegalisierten u.a. vorausgesetzt wird. Der Klassismus-Begriff versteht sich nicht als ein kulturalistischer Begriff, dem es lediglich um Fragen von Anerkennung geht. Allerdings wurde bislang die Klassenunterdrückung zu sehr auf den Aspekt der ökonomischen Klassenausbeutung reduziert. Klassenausbeutung ist jedoch nur ein Aspekt des Klassismus. Klassismus spiegelt sich in Gesetzen, in Architekturen, Hausordnungen, Vorschriften, Zulassungen, Gehaltsgruppen, No-Go-Areas, in der Stadt- und Verkehrspolitik, im Umweltschutz, in der Familien- und Bildungspolitik, in der Gesundheitspolitik, im Militär, der Nachrichten- und der Unterhaltungsindustrie wider. Es gibt keinen gesellschaftlichen Bereich, keine Institution, die nicht auch klassistisch geprägt ist und Erzählungen über die Geschichte des Klassismus in sich birgt.

1.6 Warum wir Wissen über Klassismus brauchen

Die potentielle Unsichtbarkeit und Nichtrepräsentanz von Arbeiter*innen, Arbeitslosen, Illegalisierten und Armen in gesellschaftlich anerkannten Räumen trägt dazu bei, Mythen entstehen zu lassen (Meulenbelt 1987): »denen geht es gar nicht so schlecht«, »fahren Autos«, »sehen die gleichen Fernsehprogramme«. Gleichzeitig dienen die Mythen über Reiche dazu, selbige als Opfer des Systems erscheinen zu lassen: »den Reichen geht es schlecht«, »Geld macht das Leben schwer«, »sie müssen hohe Verantwortung tragen«. In diesen Dimensionen werden die unterschiedlichen Auswirkungen von Klassenzugehörigkeit verwischt, obwohl längst bekannt ist, dass die Klassenherkunft über Zukunft und Karriere, kurz über das Leben und die Lebensweise entscheidet. Dazu zählt auch der Mythos der Mobilität, der vermeintlichen und suggerierten Chance, die Klasse bei genügend Anstrengung und Leistung (»wer gut ist, der findet auch einen Arbeitsplatz«) wechseln zu können. Tatsächlich zeigen Untersuchungen in den USA ebenso wie auch in Deutschland: »class stability is the norm« (Barone o.J., 28). In England wird über Klassenmobilität auf der Alltagsebene anders gedacht: Hier gilt die soziale Herkunft als Kriterium für die Einordnung in eine Klasse, das heißt ein Wechsel ist erst in der zweiten Generation möglich. Allerdings sind Kriterien wie »soziale Herkunft« und »Vermögen« noch immer keine innerhalb der Diskriminierungsstudien anerkannte Strukturkategorien. Von Seiten der EU finden Forschungen und empirische Studien nur über die im Europäischen Gesetz geregelten

Antidiskriminierungsrichtlinien statt, die Forschungsfragen beziehen sich also auf Diskriminierungsformen wie Rassismus, Sexismus, Altersdiskriminierung und Behindertenfeindlichkeit, nicht jedoch auf Klassismus, obwohl nach der EU-Charta der Menschenrechte auch Diskriminierung aufgrund der sozialen Herkunft und des Vermögens verboten ist.
Auch die Diskursforschung analysiert in ihren Forschungsfragen rassistische und sexistische Diskurse – klassistische Diskurse werden bestenfalls auf journalistischer Ebene oder in politischen Statements kritisiert.
Positiv hervorzuheben ist, dass das Team des auf zehn Jahre angelegten Forschungsprojekts zur »Gruppenbezogenen Menschenfeindlichkeit« seine Forschungsfragen um Obdachlosen- und um Langzeitarbeitslosenabwertung erweiterte (Heitmeyer 2007).
Wenn Klassismus eine ebenso wichtige politische Bedeutung hat wie Sexismus, Rassismus u.a. Diskriminierungsformen, dann gilt seine Aufdeckung und Bewusstmachung als eine politische Herausforderung mit Konsequenzen für das politische Handeln und die Bildungsarbeit.

2. Geschichte und US-amerikanische Theorien des Klassismusbegriffs

Die Geschichte des Klassismusbegriffs ist eng mit US-amerikanischen sozialen Bewegungen verknüpft. Bereits in den 1970er-Jahren wurde in den jeweiligen Bewegungen, in der Frauenbewegung, in der antirassistischen Black Power Bewegung, in der Lesbenbewegung über die Mehrdimensionalität von Diskriminierungsstrukturen nachgedacht. Damit wurde der Grundstein für die seit den 1990er-Jahren einsetzende Intersektionalitätsforschung (Untersuchungen zur Überschneidung und zum Zusammenhang unterschiedlicher Diskriminierungsformen) zunächst in den Debatten über Sexismus und Klassismus sowie Rassismus und Klassismus in den USA gelegt. Die Anfänge dieser Diskussionen werden im Folgenden nachgezeichnet.

2.1. Ursprünge des Klassismusbegriffs: Feminismus und Klasse in den USA

2.1.1 Die Furies

Der Begriff »Klassismus« entstand fast zeitgleich und im gleichen politischen Umfeld wie der Begriff »Sexismus«. Die ersten Aufzeichnungen des Begriffs »Klassismus« finden sich 1974 in Texten der Lesben-Gruppe »The Furies«, in der Arbeiter*innentöchter mit Nachdruck ihre Diskriminierung aufgrund ihrer sozialen Herkunft thematisierten.

Die Klassendifferenzen wurden in einer Weise angesprochen, die sich zu jener Zeit in der feministischen Bewegung als »Politik der ersten Person« Anerkennung verschaffte. Es wurde mit der Benennung von klassistischen Verhaltensweisen innerhalb der politischen Szene die Erkenntnis eingefordert, dass das Persönliche politisch und das Politische persönlich ist. Die Umgangsweise der sozialen Bewegungen mit dem Thema

Klasse wurde heftig kritisiert: sie sei entweder durch und durch romantisierend und führe zu der sogenannten »Abwärtsmobilität« der Mittelschicht-Jugendkulturen oder finde in akademischen marxistischen Debatten statt (Bunch / Myron 1974, 36). Wichtig sei es jedoch, die subtilen psychischen Effekte zu verstehen, die durch Armut hervorgebracht würden. Die in den Vereinigten Staaten weit verbreitete »protestantische Ethik« sei mit einer Gehirnwäsche gleichzusetzen, die sich durch alle Institutionen und Medien ziehe: »Bist du erfolgreich, so liegt es daran, dass du hart gearbeitet hast und ein guter, sauberer, engagierter Amerikaner bist« (ebd., 37). Wer diesem Anspruch nicht genügen konnte, machte sehr schnell auch im Alltag die Erfahrung von Ausgrenzung. Über diese Erfahrungen tauschten die Frauen sich in selbstorganisierten Gruppen aus.

Die Arbeiter*innen- und Farmer*innentöchter sprachen von ihren eigenen Geschichten, und eine dieser Geschichte bringt den Klassismus sehr gut auf den Punkt: Coletta Reid spricht in ihrem Artikel »Recycled Trash« davon, dass sie als Kind eines Tages mit ihrer armen Familie zum Einkaufen in die Stadt fuhr, die Kinder brauchten Schuhe für die Schule. Vor dem Schaufenster eines teuren Ladens blieb Coletta Reid stehen und wollte die Schuhe haben, die dort angepriesen wurden. Ihre Eltern zögerten, doch dann gingen sie in den leeren Laden, setzten sich alle fünf in eine Reihe und warteten auf die Bedienung. Die Verkäufer führten einen Smalltalk miteinander und nahmen keine Notiz von der Familie. Coletta Reid beschreibt, wie ihr immer unwohler wurde. Sie warteten noch eine Weile, dann stand der Vater auf und sie verließen das Geschäft. Sie redeten nicht über die Situation, aber ihr war klar: alles an ihnen war falsch: wie sie aussahen, redeten, gekleidet waren und sich bewegten (ebd., 64f.).

Nancy Myron thematisiert die Verschränkung von Sexismus mit Klassismus. Als sie in ihrer Kindheit in eine Mit-

telschichtgegend zogen und sie die ärmste Familie waren, wurde ihre Schwester ständig als Hure bezeichnet. Sie heiratete mit 18. Die Mädchen mit einem größeren finanziellen Status hingegen genossen den Respekt des »verlogenen Viertels«. Sie gingen mit Basketballstars und hatten die Definitionsmacht darüber, wer die Guten und wer die Schlechten waren (ebd., 38f.).
Über solche und ähnliche Erfahrungen tauschte sich das lesbische Kollektiv »The Furies« aus, und sie prägten damit erstmals den Begriff »Klassismus«. Diese Auseinandersetzung wurde im Kontext der Kritik an Sexismus und Heterosexismus geführt. Hier wird deutlich, dass Klassismus mit dem Beginn seiner Thematisierung als eine Unterdrückungsform verstanden wurde, die sich mit anderen Unterdrückungsformen wie Sexismus und Heterosexismus überschneidet. Klassismus wurde weder isoliert wahrgenommen, noch wurde dieser Diskriminierungsform jemals ein Vorrang zugesprochen. Diese Sichtweise unterscheidet sich von einigen marxistischen Theorietraditionen, die den Klassenwiderspruch als Hauptwiderspruch darstellen.
Weshalb waren es lesbische Feministinnen, die den Klassismus als erste mit diesem Begriff benannten? bell hooks, selbst Arbeiter*innentochter, sieht den Grund vor allem darin, dass Lesben aus den kapitalistisch organisierten Familienstrukturen herausfallen:

»Es waren Lesben, Frauen aller Hautfarben, aus allen Klassen, die die Vorhut bildeten für eine Radikalisierung des zeitgenössischen weiblichen Widerstands gegen das Patriarchat. Dies war so, weil diese Gruppe sich aufgrund ihrer sexuellen Orientierung außerhalb des heterosexistischen Privilegs und Schutzes zu Hause und am Arbeitsplatz verortet hat ... Dementsprechend konnten sie sich nicht, wie ihre heterosexuellen Gegenüber, darauf verlassen, von Männern ökonomisch unterstützt zu werden.« (hooks 2000, 103f.)

Sie kämen gar nicht erst in die Situation, die Benachteiligung auf dem patriarchalen Arbeitsmarkt durch eine Alimentierung besser verdienender Männer auszugleichen. Die Kontinuität des Klassismus auf all seinen Ebenen zeigt sich lesbischen Arbeiter*innentöchtern in aller Deutlichkeit, zumal dann, wenn sie sich als Lesben politisch engagieren.
bell hooks betont in ihrem Buch »Where we stand: Class Matters« die Relevanz der Arbeit der lesbischen Feministinnen. Da diese unabhängig von ihrer sozialen Herkunft soziale Außenseiterinnen seien, die gleiches Geld für gleiche Arbeit einforderten, hätten sie ein größeres Bewusstsein für Klassenlagen als ihre feministischen verheirateten Weißen Mitstreiterinnen aus der Mittelschicht, die nicht gezwungen seien, Geld zu verdienen.
bell hooks spricht davon, dass Weiße heterosexuelle Mittelschichtfrauen oftmals in die Falle des akademischen Jargons treten, wenn sie Klassenverhältnisse thematisieren und ihre Erfahrungen dabei außen vor lassen. Sie zitiert die Anfang der 1970er noch unbekannte Autorin Rita Mae Brown, die ebenfalls den Furies angehörte:

»Klasse bedeutet weit mehr als die marxistische Definition von Beziehungen im Spiegel der Produktionsverhältnisse. Klasse schließt dein Verhalten, und deine fundamentalen Überzeugungen mit ein; wie du gelernt hast, dich zu verhalten; was du von dir und anderen erwarten darfst; deine Idee von der Zukunft; wie du Probleme verstehst und löst; wie du denkst, fühlst, handelst.« (Rita Mae Brown in: »The Last Straw«, zit.n.hooks 2000, 103).

Rita Mae Brown kritisierte die Feministinnen der Mittelschicht, die allzu perfekt die marxistische Klassendefinition übernahmen, in ihren Augen ein Trick, um von ihren klassenspezifischen Verhaltensmustern abzulenken. Verhaltensmuster, die bereits in der Kindheit zementiert würden. Und sie räumt mit zwei Ideologien auf: der Ideologie des Bildungsaufstiegs und der Ideologie um den Kult der Abwärtsmobilität der Jugendbewegung.

Ideologie des Bildungsaufstiegs

Rita Mae Brown kritisierte bereits Anfang der 1970er-Jahre die Ideologie, dass Working-Class-Frauen mit einem College-Abschluss ihrem Klassenhintergrund entkommen seien. Diese Idee der Mittelschichtfrauen sei geprägt von Ignoranz. Sie würden ja nicht mal im Traum davon reden, dass Schwarze Lesben mit einem College-Abschluss nicht mehr Schwarz seien. Sie widersprach auch der bei Frauen in der Mittelschicht vorherrschenden Ansicht, Frauen aus der Arbeiter*innenklasse wollten studieren, um so zu werden wie Frauen aus der Mittelschicht. Dies sei falsch, und nur Menschen, die sich nie wirklich Gedanken um ihre Existenzsicherung machen müssten, könnten so denken. Tatsächlich sei es so, dass die Arbeiter*innentöchter erlebt hätten, wie die Eltern sich für nichts und wieder nichts abrackerten und dabei kaum das Existenzminimum verließen. Sie selbst wollten nun den Bildungsaufstieg, damit sie finanziell überleben könnten, ohne sich derart abmühen zu müssen. Weiter heißt es:

»Viele von uns hatten durch das Hochschulstudium erstmals freie Zeit für politisches Denken zur Verfügung. Wenn du den ganzen Tag arbeitest, jeden Tag, dann ist da kaum Zeit fürs Denken und keine Zeit für politische Organisierung. Ja, wir haben College-Abschlüsse; nein, wir arbeiten nicht in Fabriken, wie unsere Eltern es taten, und wir lernten von der Vergewaltigung unserer Eltern, gerade deshalb wollen wir eine Revolution machen« (Bunch/Myron 1974, 19).

Ideologie der Abwärtsmobilität der Jugendbewegung

Rita Mae Brown problematisierte auch das Bedürfnis der Jugendlichen aus »höheren« sozialen Klassen der frühen 1970er Jahre, mit ihrer Klassenherkunft zu brechen. Sie kritisierte die Praxen der »Abwärtsmobilität«

der Jugend- und Drogenszene, der Neuen Linken, der Frauen- und der Lesbenbewegung. Gerade auch als Arbeiter*innentochter bestand Rita Mae Brown auf angenehmes Wohnen, schöne Kleidung und gutes Essen. Sie könnte auf die inszenierte Armut der lieblosen Matratzen auf dem Boden, zerrissene Kleidung, Schmutz und Spaghetti jeden Abend verzichten. Diese Abwärtsmobilität stelle die größte Beleidigung durch Menschen aus der Mittelklasse gegenüber Menschen aus der Arbeiter*innenklasse dar. Für viele Linke aus der Mittelschicht sei diese Abwärtsmobilität vielleicht ein erster Schritt gewesen, den vorgegebenen Lebensweg zu ändern. Doch sie müssten die Ironie der Abwärtsmobilität verstehen: erst ihre Klassenprivilegien würden es ihnen ermöglichen, materielle Voraussetzungen zu ignorieren: »... hier verzichten Frauen auf Dinge, die wir nie hatten und nie bekommen können!« Während jene sich der gespielten Armut jedoch jederzeit wieder entziehen könnten, sei die Aufwärtsmobilität für Menschen aus der Arbeiter*innenklasse ein steiniger Weg. Frauen der Mittelschicht glaubten Arbeiter*innen »lehren« zu müssen, dass kapitalistische Reichtümer und hoher sozialer Status kein glückliches Leben mit sich brächten. Diese neue »Belehrung« sei nichts weiter als ein alter amerikanischer Mythos.

Tasha Petersen zählt in der gleichen Aufsatzsammlung vier Punkte auf, die nach einem ersten Erschrecken des Bürger*innentums über ihre Kinder wieder zur allgemeinen Beruhigung führten: Erstens sei die männliche Vorherrschaft auch in der alternativen Jugendszene durch die ungebrochen vorherrschende Heterosexualität intakt; zweitens würden der Konsumorientierung neue Märkte erschlossen; drittens verhelfe der Drogenkonsum zu einer Befriedung der Jugend, die nun nicht mehr in der Lage sei, eine Revolution zu starten, und viertens hätte diese Bewegung sicherlich nicht das geringste getan, um das Klassensystem oder den Rassis-

mus im Land zu ändern (ebd., 26f.).
Schlimmer noch werde diese Abwärtsmobilität, wenn sie mit einem Misstrauen gegen Rationalität und einer Huldigung der Emotionalität verbunden sei. Mitte der 1970er-Jahre kritisierte Rita Mae Brown also schon die Spiritualität der bürgerlichen Frauenbewegung und hielt ihr den Standpunkt der Frauen aus der Arbeiter*innenklasse entgegen:

*»Es ist nicht Intellektualität, der Frauen aus der Arbeiter*innenklasse misstrauen, es geht darum, wie Frauen aus der Mittelschicht ihre Intellektualität benutzen, um ihr Klassenverhalten zu rationalisieren, welches uns verletzt. Oder ganz einfach: wir misstrauen Bullshit, nicht Gehirnen« (ebd., 20).*

Zur Vernebelung gehöre auch der in der Mittelschicht-Jugendkultur gepriesene Drogenkonsum. Doch der Gebrauch von Drogen finde von verschiedenen klassenspezifischen Orten her statt. Während die Mittelschichtjugend den Konsum von Dope und Speed zur Selbstfindung und zu einem »Come together« nutzte, sei der Drogenkonsum der beherrschten Klasse eine verzweifelte Flucht aus der Gesellschaft, in der sie ganz unten stehe. Dope sei der Feind der unterdrückten Menschen, so Tasha Petersen (ebd., 33).
Ein weiterer Punkt betraf die Ablehnung des Konsumverhaltens. Diese Ablehnung sei an sich nicht zu verurteilen, wieder ginge es um das »Wie« und um die Haltung, die dahinter stecke. Auch der »umgekehrte Snobismus« treffe die Arbeiter*innenklasse: Vor dem Kult der Abwärtsmobilität waren die Menschen der Arbeiter*innenklasse unsichtbar oder »Trash« (Müll). Mit der Ideologie der Abwärtsmobilität wurden sie dann zu »Konterrevolutionär*innen«, da sie nicht mit dem »hippen Lifestyle« der Neuen Linken übereinstimmten und sich nicht Konsumverzicht zum Lebensziel setzten. Auch politische Arbeiter*innenklasse-Lesben lebten Konsum-

kritik, machten jedoch keinen Verhaltenscode daraus. Brown empfahl ihren bürgerlichen Mitstreiterinnen, auf diesen Code zu verzichten:

»Wenn du Geld hast, Schwester, werf es nicht weg, teile es. Wenn du gute Fähigkeiten besitzt, dann töpfere nicht für dich in deinem Loft, sondern bringe sie uns bei. Wenn du gute Kleidung hast, dann laufe nicht in abgerissenen Klamotten umher, sondern gebe uns ein paar deiner Kleidungsstücke« (ebd., 21).

Ähnlich argumentierte Tasha Petersen, die die Mittelschicht-Jugendkultur der »Hippies« und »Freaks« scharf angriff und von den Weißen Mittelschicht-Männern politische Verantwortung für ihre Position als Unterdrücker von Frauen erwartete. Menschen mit Privilegien müssten ihre Privilegien in einer Weise nutzen, dass benachteiligte Menschen in ihrem materiellen Überleben und in ihrer politischen Beteiligung unterstützt würden, und nicht so, dass diese noch mehr unterdrückt würden (ebd., 33).
Abwärtsmobilität suggeriere, dass materieller Besitz schlecht sei. Nicht materieller Besitz sei jedoch schlecht, sondern dass nicht jedeR über materiellen Besitz verfüge. Die Forderung, die Privilegien für eine soziale Veränderung zu nutzen, anstatt auf sie zu verzichten, ist in den USA noch immer sehr aktuell: »Je privilegierter du in der alten Welt warst, desto mehr musst du dich von deren Zerstörungskräften befreien, damit du dich am Aufbau der neuen Welt beteiligen kannst. Aber wir haben alle in Amerika gelebt und in bestimmter Weise haben wir uns alle zu ändern« (ebd., 22f.). Unter »Alter Welt« verstand Petersen dabei die USA unter der Vorherrschaft der Männer. Es sei der kollektive Job der Lesbenbewegung, diese Vorherrschaft zu zerstören. Frauen der Mittel- und Oberschicht sollten daher nicht nach Arbeiter*innen in ihren Familien suchen, um sich zu legitimieren, sondern sie sollten ihre Verantwortlichkeit ernst nehmen und ihr

bürgerlich sozialisiertes Verhalten ändern.

2.1.2 Classism und die US-amerikanischen Frauenbewegungen

bell hooks spricht in ihrem Buch »Where We Stand. Class Matters« immer dann explizit von »Classism«, wenn sie die Frauenbewegung bzw. Diskriminierung von Frauen thematisiert. Dies ist kein Zufall. Der Begriff wurde von einem Teil der Frauenbewegung geprägt, und Teil dieser Prägung ist das ihm zugrunde liegende Macht-, Herrschafts- und Politikverständnis. Zugleich wurde er oft innerhalb der Frauenbewegung benutzt, um die dort stattfindenden Klassismen zu benennen.

Entsprechend findet sich bei hooks die erste Erwähnung des Begriffs »classism« im direkten Zusammenhang mit dem Feminismus:

*»Ich schreibe auf persönliche Weise über meine Reise von der Welt der Arbeiter*innenklasse zum Klassenbewusstsein, darüber wie der Feminismus vom Klassismus unterwandert wurde, über Solidarität mit den Armen und wie wir die Reichen sehen.« (hooks 2000: viii)*

Die enge Kopplung des Begriffs »Classism « an die Frauenbewegung zieht sich durch das gesamte Buch. Das Kapitel »Feminism and Class Power« beginnt sie mit den Worten: »Revolutionäres feministisches Denken hat immer die Problematik des Klassismus zwischen Frauen thematisiert« (ebd., 101). Allerdings wird der Begriff Klassismus nicht nur in dem Sinne benutzt, dass ein Teil der Frauenbewegung klassistisch sei, sondern auch als Begriff, der innerhalb der Frauenbewegung entstand. So geht sie auf die oben genannten Furies ein und thematisiert die Überschneidungen in den Unterdrückungsverhältnissen aufgrund von »class and race«. In den Beschäftigungen mit dem Thema sei sehr schnell klar, dass Schwarze Frauen am unteren Ende der Ökonomie ständen.

bell hooks differenziert zwischen einer revolutionären und einer reformistischen Frauenbewegung. Innerhalb der reformistischen Frauenbewegung hätten klassenprivilegierte Frauen oftmals klar gemacht, wer diese Strömung beherrsche, ihre Bedürfnisse hätten diese Bewegung oft dominiert (ebd., 104). Innerhalb der revolutionären Frauenbewegung hingegen hätten die klassenprivilegierten Frauen von den Frauen aus der Arbeiter*innenklasse die konkrete Politik des Klassenkampfes (»Revolution begins at Home«) gelernt, aber auch Selbstbehauptungsfertigkeiten und konstruktive Wege der Konfliktbewältigung.

2.2 Antirassismus und Klasse

Der Klassenbegriff in den Vereinigten Staaten ist nicht zu trennen von der antirassistischen Bewegung der »Black Movements«. Nicht nur die »Black Panther«[1] positionierten sich im Klassenkampf, auch andere Vertreter der amerikanischen Bürgerrechtsbewegung wie Martin Luther King betonten die Existenz der Klassengesellschaft. Anders als in der Bundesrepublik Deutschland, wo sich Linke Ende der 1960er/Anfang der 1970er-Jahre überwiegend auf Fabrik- und Facharbeiter*innen als revolutionäres Klassensubjekt bezogen, konzentrierten sich Linke in den USA auf das sogenannte »Lumpenproletariat«. Eldrige Cleaver, der ab seinem 16. Lebensjahr 15 Jahre im Gefängnis zugebracht hatte, schrieb am 14.12.1970 in »The Black Panther«:

»Es gibt viele Leute in der schwarzen Gemeinde, die keinen Platz in der Wirtschaft finden, die nicht in die soziale Struktur passen und nicht in das politische System. Sie haben keine Vertretung, sie haben keine Sicherheit und die betrachten wir als Lumpenproletariat. Darin hat die Black

1 Die »Black Panther Party« wurde 1966 gegründet, nachdem Huey P. Newton und Bobby Seale in Oakland, Kalifornien, in die Schwarzen Gemeinden gegangen waren und die Menschen dort nach ihren Bedürfnissen gefragt hatten.

Panther Party ihre soziale Basis« (Michels 1972, 29).

An diesem Zitat wird deutlich, dass es um eine ausgrenzende Diskriminierung in drei Bereichen geht: der Wirtschaft, der sozialen Struktur und im politischen System. Zugleich wurde neben der Beseitigung aller Formen von Rassismus sowohl die »Beseitigung aller Formen der Unterdrückung der Frau in allen Bereichen der Gesellschaft, am Arbeitsplatz und zu Hause« gefordert als auch die »Kontrolle der Arbeiter über die Arbeits-, Produktions-, Transport- und Kommunikationsmittel« (ebd., 270). Allerdings wurde in dieser frühen Phase der Mehrfachunterdrückungstheorie der »Klassenantagonismus« ökonomisch fundiert. Dieser Antagonismus spiele sich als Ausbeutung wesentlich in den Fabriken ab, während Rassismus eher als Ausgrenzung und Diskriminierung im sozialen Bereich stattfinde und dessen Folgen vor allem in den Ghettos der Schwarzen Bevölkerung zu sehen seien. Für einen Begriff wie »Klassismus« war folglich noch kein Bedarf zu sehen: Entweder war es die soziale Diskriminierung, dann wurde sie als »Rassismus« bezeichnet, oder aber es war die ökonomische Ausbeutung, dann war zwar die Rede von der Klassengesellschaft, aber eben nur auf ökonomischer Ebene.

Die Thematisierung von Rassismus als einer Diskriminierungsform, die nicht in erster Linie ökonomisch gedeutet wurde, schärfte den Blick für andere Formen von Ausgrenzung und Gewalt. Ebenso brachte die Fokussierung auf das »Lumpenproletariat« Möglichkeiten zur politischen Formulierung und Organisierung mit sich, die im deutschen Kontext nicht gegeben waren. Zwar gab es auch in der Bundesrepublik Deutschland organisierte Kämpfe von ethnisch diskriminierten Gruppen, wie beispielsweise den Fordstreik 1973. Dieser kreative »wilde« Streik war jedoch fast ausschließlich von türkischen Arbeiter*innen durchgeführt worden. Diese wurden in

Teilen der Presse rassistisch und klassistisch abgewertet und waren auch mit Rassismus in der eigenen Streikbewegung konfrontiert. Letztlich blieb der Streik isoliert, und sowohl der Betriebsrat als auch weite Teile der Arbeiter*innen mit deutscher Herkunft solidarisierten sich nicht in der Form, dass es zu einem gemeinsamen Kampf werden konnte. Jedenfalls gab es diese Solidarität nicht umfassend unter den Facharbeiter*innen, stärker war sie bei Aushilfsarbeiter*innen anzutreffen. Also auch hier hätte ein genauerer Blick auf Rassismen prekäre Lebensweisen in den Vordergrund gerückt.
Die akademische Auseinandersetzung mit dem kollektiven Ausschluss aufgrund von „race« begann in den USA verstärkt in den 1970er-Jahren parallel zur einsetzenden feministischen Frauenforschung.
Ein wichtiger Schritt zur Entwicklung des Ansatzes von sich überschneidender Mehrfachunterdrückung (im Fachterminus »Intersektionalitätsforschung«) war ein Zusammenschluss lesbischer Schwarzer radikaler Feministinnen, das »Combahee River Collective«, welches 1977 ein Manifest (Combahee River Collective 1977) veröffentlichte. Sie griffen darin sowohl den Androzentrismus der Schwarzen Bürgerrechtsbewegung als auch die Beschränkungen der Weißen Mittelschichtfrauen an. Dies verstanden sie als einen ersten Versuch, die spezifischen Unterdrückungserfahrungen Schwarzer Frauen ins Blickfeld zu rücken. Ihnen ging es darum, nicht nur an der einen Front der Unterdrückung oder an zweien zu kämpfen, sondern die gesamte Reichweite von Unterdrückungen kenntlich zu machen. Ihren Ansatz definierten sie im »Black Feminist Statement« als Identitätspolitik:

»Wir erkennen, dass wir selbst die Einzigen sind, die uns wichtig genug nehmen, um beständig für unsere Befreiung zu arbeiten. Unsere Politik erwächst aus einer gesunden Liebe für uns selbst, unsere Schwestern und

unsere Community. Das ermöglicht uns, unseren Kampf und unsere Arbeit fortzusetzen. Dieses Sich-auf-unsere-eigene-Unterdrückung-Beziehen ist in dem Konzept Identitäspolitik ausgedrückt« (Klesse 2001).

2.3. Working Class and Poverty Class Academics

Bereits in den ersten Texten der »Furies« betonten die Arbeiter*innentöchter, dass es ein Irrtum sei, dass jede/r über Bildung aufsteigen könne und dass es falsch sei anzunehmen, jemand, der studiere, sei nun ein »normaler« Akademiker oder eine Doktorin wie jede andere auch.
Auch in der Bundesrepublik Deutschland wurde dies immer wieder, hauptsächlich von Arbeiter*innentöchtern, festgehalten (vgl. KAP 4). Aber anders als in der Bundesrepublik Deutschland gibt es in den Vereinigten Staaten eine Organisierung von Menschen mit einem »Working Class«- oder »Poverty Class Background« (Herkunft aus der »armen Klasse«), die studieren bzw. als Akademiker*innen tätig sind.
Das bekannteste Beispiel sind die »Working Class Academics«, die bereits seit 1996 jährlich Kongresse durchführen. Die »Working Class Academics/ Poverty Class Academics« schlossen sich im Februar 1994 zu einem eigenständigen Zirkel an der Universität Wisconsin-Oshkosh zusammen. Anlass waren einige Beiträge über Klassenmobilität auf einer Internet-Diskussionsplattform über Frauenforschung.
In einem persönlichen Gespräch teilte Barbara Peters uns mit, dass sie zu dieser »Womens Studies List« gehörte. Sie war dort eher eine passive TeilnehmerIn, bis eines Tages eine Diskussion über die Bedeutung der Sozialen Klasse begann. Eine Frau schrieb: »Ich weiß nicht, warum wir all diese Diskussionen über Soziale Klasse haben. Gehören wir nicht alle zu unterschiedlichen Zeiten zu unterschiedlichen Klassen. Ich hatte mir auch schon mal ausgesucht, Arbeiter*innenklasse zu sein. Ich war

Kellnerin.« Dies war für Barbara Peters der Auslöser, sie beteiligte sich mit einem Beitrag: »Wenn du sagst, du suchst dir aus, Arbeiterklasse zu sein, dann bist du definitiv nicht Arbeiter*innenklasse.« Sie beschrieb in der E-Mail einige Klassenunterschiede, die sich nicht nur am Einkommen festmachen lassen, und erhielt eine Reihe von persönlichen E-Mails, die allesamt mit dem, was sie schrieb, übereinstimmten oder die eigene Geschichte beschrieben. Daraufhin fragte Barabara Peters, ob eine eigene Diskussionsliste Sinn mache. Die Antwort war YES. Zu der Zeit war es noch nicht so einfach, eine eigene E-Mail-Group aufzubauen. Ihr Computer war zu langsam, und so konnten zuerst nur 25 Menschen teilnehmen, bis schließlich die University of Wisconsin-Oshkosh die Liste hostete und sie somit öffentlich machte. Ein Jahr später gab es bereits das Bedürfnis, sich auch persönlich zu treffen. So entstand die erste einer Reihe von jährlich stattfindenden Konferenzen.

An der Entstehungsgeschichte der WCA zeigte sich wieder einmal die Bedeutung der feministischen Bewegung für diese Form von Klassenbewusstsein. Die Aufdeckung und Bekämpfung von subtilen patriarchalen Herrschaftsmechanismen scheint zu einer klassenspezifischen Sensibilisierung zu führen, die strukturell ähnliche Herrschaftsmechanismen auch in den Klassenverhältnissen findet und dann berechtigterweise nicht mehr bereit ist, nur noch über Sexismus zu reden, sondern ebenso sehr die Diskussion über Klassismus einfordert.

Die Diskussionsplattform ist nach wie vor sehr aktiv. Ein WorkingClassAcademics-Aktivist wertet auf den jährlichen Konferenzen die vergangenen Diskussionen aus, und es ist mit einer baldigen Publikation dieser Debatten zu rechnen. Die WCA-Aktivist*innen tauschen sich inhaltlich über ihre Erfahrungen aus, führen Selbstverständnisdiskussionen, berichten von Erfolgs- und Misserfolgserlebnissen, unterstützen sich in Forschungsprojekten, debattieren über aktuelle politische und Medienereignisse. Diskussionen über Bourdieu haben dort ebenso ihren Platz wie Probleme mit der Familie oder den Arbeitskolleg*innen.

Die WorkingClassAcademics sind in den Vereinigten Staaten beheimatet, doch sie verstehen sich als internationale Plattform. Ein Kongress fand bereits in Großbritannien statt, die Konferenz 2009 wird in der Bundesrepublik Deutschland stattfinden.

Die »WorkingClassAcademics« sind die größte und bekannteste Gruppierung, es finden sich aber an den Campus-Universitäten weitere politische Diskussionszirkel von studierenden Arbeiter*innenkindern.

Dass in den Vereinigten Staaten die Problematik des »Bildungsaufstiegs« stärker reflektiert wird, zeigt sich unter anderem daran, dass die »Aufsteiger*innen«, also diejenigen, die von der Blue-Collar-Kultur (blauer Arbeitsanzug=Arbeiter*innen und Handwerker*innen) in die White-Collar-Gesellschaft (weißer Kittel, Anzug, Krawatte=Angestellte) überwechseln, sich selber »Straddler« nennen. »Straddler« kommt von »straddle« und bedeutet »spreizen«. Der Begriff zielt darauf ab, dass man mit einem Bein in der einen, mit dem anderen in einer anderen Kultur steht. Es existiert ein große Vielfalt von autobiografischen Essays, Romanen, Analysen, die dieses Straddler-Sein thematisieren. Am bekanntesten sind »Strangers in Paradise« (Ryan 1995), »Limbo. Blue Collar Roots, White Collar Dreams« (Lubrano 2005), Leslie Feinbergs »Stone Butch Blues« (Feinberg 2004) und bell hooks »Where We Stand: Class Matters« (hooks 2000).

2.4. Anti-Klassismus im Kontext von Social Justice

Klassismus, verstanden als eigenständige Form der Unterdrückung und Diskriminierung von Menschen aufgrund ihrer tatsächlichen, selbst oder fremd zugeschriebenen oder vermuteten Klassenzugehörigkeit, wird mit der Entstehung von Social Justice als politischem Projekt ausgearbeitet und im Detail beschrieben (Weinbach 2006). Im Unterschied zu Rassismus, Sexismus oder Antisemitismus steht die Geschichte der wissenschaftlichen oder populär- und alltagswissenschaftlichen Ausarbeitung von Klassismus erst am Anfang. In der Bundesrepublik gibt es bislang wenig Offenheit für die Einbeziehung von Klassismusanalysen. Das hängt zum einen damit zusammen, dass es kaum Social-Justice-Bezüge gibt, und zum anderen mit dem Verständnis von sozialer Gerechtigkeit als vorrangig ökonomische Gerechtigkeit bzw. als Chancengerechtigkeit (Weinbach 2006a, 2007a). Mit Social Justice als politischem Projekt ist jedoch Anderes gemeint, und deswegen kann auch Klassismus hier seinen Platz finden. Auch wenn auf viele Gerechtigkeitsphilosophien Bezug genommen wird, so ist doch die Philosophie von Iris Marion Young von hervorragender Bedeutung für das neue Social-Justice-Projekt. Das hierfür unmittelbar relevante Buch von Iris Marion Young trägt den Titel »Justice and the Politics of Difference«.

Bereits auf der ersten Seite wird deutlich gemacht, dass mit »justice« eine Vielzahl alter Konzepte von Gerechtigkeit gemeint sind, während mit dem Begriff »social justice« die Neuen Sozialen Bewegungen in Verbindung gebracht werden: »An welche Konzepte von sozialer Gerechtigkeit wenden sich implizit die Neuen Sozialen Bewegungen und wie konfrontieren oder verändern sie traditionelle Konzepte von Gerechtigkeit?« (Young 1990, 3). Young kritisiert, dass sich die marxistischen Konzepte von Gerechtigkeit auf die Ökonomie fixiert hätten, eine neue Theorie von Social Justice hingegen setze bei Unterdrückung und Herrschaft an, und zwar auf allen gesellschaftlichen Ebenen (ebd., 15). Und sie formuliert sogleich das Ziel dieses Gerechtigkeitsdenken: die Beseitigung jeder Form von Herrschaft (ebd.). Der Ausgangspunkt von Young ist also nicht nur die

Verteilung von und die Teilhabe an Gütern in der Gesellschaft, sondern eine Erweiterung dieser Aspekte um die Frage, wer an welchen Stellen aus welchen Gründen über Entscheidungsbefugnisse und Anweisungsmacht verfügt (ebd., 16), wie die Arbeit aufgeteilt ist und welche kulturellen Reproduktionsmechanismen dabei eine Rolle spielen. Young thematisiert mit dem Begriff Herrschaft die institutionelle Macht auf der Grundlage von Gesetzen und politischen Systemen, Ordnungen, u.ä. und fokussiert dabei die Kontextabhängigkeit von Macht, über die Individuen verfügen (ebd., 31f.). Herrschaft und Macht greifen ineinander und werden durch die jeweiligen Kontexte zu strukturellen Faktoren, die nicht ohne weiteres veränderbar oder verschiebbar sind, wenngleich sie das Potenzial dazu enthalten. Macht und Herrschaft müssen in diesem Sinne als prozesshaft gedacht werden, sie müssen immer wieder neu hergestellt werden, bzw. sie werden immer wieder neu oder anders in Frage gestellt. Daraus abgeleitet, fällt für Young der Begriff der Gerechtigkeit in eins mit dem Begriff des Politischen, insofern Politik alle öffentlichen, institutionellen Bereiche umfasse, alle Ebenen der Entscheidungsproduktion, des öffentlichen Handelns, der sozialen Praktiken und Verhaltensweisen sowie der kulturellen Praxen. Politik in diesem Sinne bezieht sich auf Staat und Regierungen, kann aber ebenso auf jede andere Art von Institution bezogen werden (ebd., 34). Social Justice eröffnet ein breites Spektrum für das Ineinander- und Zusammendenken unterschiedlicher Unterdrückungs- und Diskriminierungsformen als strukturelle Machtverhältnisse. Begriffe wie Rassismus, Sexismus, Heterosexismus, Antisemitismus, Behindertenfeindlichkeit (Ableism), Klassismus, Diskriminierungen aufgrund von Alter (Ageism, Adultism) u.a. dienen der Beschreibung und Thematisierung von struktureller Ausgrenzung, mit denen Menschen konfrontiert sind. Das alltägliche Ineinandergreifen von individuellen, institutionellen und kulturellen Mechanismen und Handlungen mit dem bewussten und unbewussten Ziel, Menschen herabzusetzen, abzuwerten und auszuschließen, wird gleichfalls beschrieben (Weinbach 2006). Mit Social Justice wird zum ersten Mal die Verbindung zwischen den unterschiedlichen Ausgrenzungsmechanismen transparent gemacht. Dazu gehören sich bedingende Überschneidungen von mehreren Diskriminierungsformen in einer Person: Zum Beispiel wird eine Bürgergeld-Bezieherin zwar bereits allein aufgrund der Tatsache diskriminiert, dass sie zu ebendieser Gruppe gehört. Doch sie gehört womöglich gerade deshalb zu dieser Gruppe, weil ihr aufgrund ihres Alters, einer ›Behinderung‹, ihrer Geschlechtszugehörigkeit oder deren Vermengung zum Bild einer älteren Frau mit ›Behinderung‹ eine (bzw. die gewünschte) Arbeitsstelle verwehrt wird. Aufgrund von Alter, ›Behinderung‹ und Klassenzugehörigkeit entsteht so ein Geflecht von Ausgrenzungen, mit denen sich die Betroffenen konfrontiert sehen. Social Justice beschreibt Diskriminierung als ein komplexes Geflecht, in dem Menschen, die strukturell diskriminiert werden, keineswegs einfach die »Guten« und »Benachteiligten« sind, sondern selbst auch in bestimmten Bereichen an Privilegien Anteil haben und an Ausgrenzung beteiligt sein können. So hat oben beschriebene Bürgergeld-Bezieherin das Privileg, einen deutschen Pass zu haben und sich zumindest hinsichtlich ihres Aufenthaltsstatus sorglos bewegen zu können. Möglicherweise hat sie sogar Vorurteile gegen Schwule und Lesben und diskriminiert diese aktiv in Form von Aussagen oder Ausgrenzungen. Social-Justice-Bewegungen und Social-Justice-Bildung wollen an den eigenen Ausgrenzungserfahrungen von Menschen ansetzen und diese in Beziehung zu den Diskriminierungsmechanismen setzen, mit denen sie sich selbst an Ausgrenzung beteiligen. Nach eigener Erfahrung funktioniert dies sehr gut. In Antiklassismus-Seminaren mit Bürgergeld-Bezieherinnen war es durch Gespräche

und Erfahrungsaustausch von Personen verschiedener Gruppen möglich, ein Bewusstsein darüber herzustellen, dass sie diskriminiert werden. Ihre Erfahrung von Herabsetzung aufgrund ihres sozialen Status´, insbesondere durch Behörden und Medien, weist Parallelen z.B. zur Diskriminierung von Migrantinnen oder Transgenderpersonen auf. Diese Diskriminierungsformen stabilisieren sich auch wechselseitig. Hier ist ein Einfallstor für das Verständnis anderer Diskriminierungsformen, für das Erkennen der Eigenbeteiligung an Ausgrenzung und der Notwendigkeit von handelnder Veränderung.
Social Justice thematisiert Ausgrenzung auch innerhalb von strukturell scheinbar homogenen Gruppen. So können innerhalb der Gruppe der Bürgergeld-Bezieher*innen auch klassistische Ausgrenzungsmechanismen wirksam werden, zum einen, wie oben beschrieben, aufgrund anderer Gruppenzugehörigkeiten, aber auch aus gruppeninternen Gründen, zum Beispiel, um einen Ausstieg aus der Gruppe zu verhindern oder sich voneinander abzugrenzen. Mit Social Justice wird aber auch die Ausgrenzung von strukturell privilegierten Gruppen durch benachteiligte kritisiert. Stereotype und Herabsetzungen von Bürgergeld-Bezieher*innen gegenüber Reichen oder Akademiker*innen sind ebenfalls Formen der Diskriminierung, auch wenn Erstere aufgrund ihrer gesellschaftlichen Benachteiligung nicht in der Lage sind, ihre Diskriminierung hegemonial oder normgebend zu machen. Solche Diskriminierungen leisten jedoch ebenfalls einen Beitrag zu einem politischen Klima der Herabsetzung und Abwertung von Menschen. Und ein solches politisches und kulturelles Klima ist ein entscheidender Faktor für die Stabilisierung von Herrschaftsstrukturen.
Im Kontext von Social Justice wird jede Unterdrückungs- und Diskriminierungsform zudem gesondert betrachtet, wird die jeweilige Geschichte der Stereotypisierung und Ausgrenzung ebenso erzählt wie die Geschichte der Alternativbewegungen, der Bewegungen für die Rechte

von Arbeiter*innen, Migrant*innen, Bisexuellen, Schwulen, Lesben, Transgender u.a. sowie ihrer Verbündeten. Wenn wir also die Geschichte von Klassismus als Unterdrückungsgeschichte auf der einen Seite und auf der anderen Seite als Widerstandsgeschichte erzählen, so treffen wir zwangsläufig auf andere wirksame Unterdrükkungs- und Befreiungsmechanismen.

3. Historische Widerstandskulturen und Klassismus

3.1. Vorgeschichten: Arbeiter*innenkulturen und Klassismus

Widerstand gegen Unterdrückung, Ausgrenzung und gegen die kreative Herausbildung alternativer Kulturformen gehört für diejenigen, die Klassismus erfahren haben, ebenso zum Alltag wie für alle anderen von Diskriminierung und Ausschluss betroffenen Gruppen. Zur Geschichte von Antiklassismusbewegungen zählen sowohl die Sklaven*innenaufstände als auch der Widerstand von Vagant*innen, Armen und Dienstbot*innen oder armen Bauern und Bäuerinnen bis hin zu den organisierten Widerstandskulturen der Arbeiter*innenbewegung und der heutigen Erwerbslosen- oder Landarbeiter*innenbewegungen.

Widerstand gegen Klassismus bewegt sich auf mehreren Ebene: zum einen ist es der Widerstand gegen elende materielle Verhältnisse, zum anderen der Widerstand gegen die politische Rechtlosigkeit, gegen kulturelle Marginalisierung und die Einpassung in hegemoniale Normen. Der Widerstand gegen Klassismus ist aber nie nur einfach eine Gegenbewegung gewesen, die Partizipation an der herrschenden Kultur eingefordert oder durchgesetzt hat, sondern Widerstand gegen Klassismus war oft verbunden mit der Erfindung und Praxis von neuen, alternativen Kulturen. Zugleich ist die Ausblendung genau dieser Traditionslinien ein Aspekt von Klassismus in der Geschichtsschreibung. Geschichtsschreibung als Herrschaftsgeschichte, lange Zeit reduziert auf die vermeintlich großen Namen, hat in der Bundesrepublik Deutschland bis in die 1970er-Jahre die Geschichtsbücher und damit auch die Bildung von Menschen dominiert. Erst mit den Neuen Sozialen Bewegungen entstanden neue Zugänge zur Geschichtsschreibung (Oral History, biografische, ethnografische Ansätze) sowie die Forderung nach Aufdeckung und Sichtbarmachung vergessener Kulturen wie zum Beispiel der Reformprojekte der Arbeiter*innenbewegung in der Weimarer Republik und die Geschichte ihrer Verfolgung. Eine der wichtigsten alternativen historischen Darstellungen »Eine Geschichte des amerikanischen Volkes« wurde von einem Immigrantenkind aus einer Arbeiterfamilie aus Brooklyn, Howard Zinn, geschrieben (Zinn 2007).

Die Erfahrung, von der hegemonialen Kultur unsichtbar gemacht zu werden, teilen die Klassen der Arbeiter*innen und Armen zum Beispiel mit Frauen, Lesben/Schwulen, »Behinderten«, People of Color u.a. Soziale identitätspolitische Bewegungen waren selten ausschließlich auf die Veränderung der ökonomischen Verhältnisse ausgerichtet. Die Reduktion von Arbeiter*innen-, Arbeitslosen- und Armenbewegungen auf ökonomische Diskurse ist eine Strategie der Einpassung in die kapitalistischen Verhältnisse. Es geht um eine meritokratische Befriedung durch die Ideologie, dass jeder und jede vom Tellerwäscher zum Millionär aufsteigen könne. Selbst diejenigen, die sich mit Arbeiter*innenkämpfen und gewerkschaftlichem Widerstand auseinandersetzen, wie Beverly Silver, reduzieren die Geschichte des proletarischen Widerstands mechanisch auf ökonomische Ziele und lassen die kulturellen Hintergründe außer acht (Silver 2003). Somit erscheinen die Arbeiter*innen mehr als streikende Maschinen im System Kapitalismus, denn als kreative Gruppen von Menschen mit vielfältigen Interessen.

Der Begriff »Arbeiterkultur« wird zunächst im Zuge der Herstellung von neuen sozialen Zusammenhängen und Infrastrukturen durch die Arbeiter*innenbewegung als Selbstdefinition verwendet. Erst nach dem Zweiten Weltkrieg und verstärkt erst in den 1970er-Jahren und dann wieder ab den späten 1980er-Jahren bezeichnet der

Begriff in der Bundesrepublik und in der DDR ein wissenschaftliches Forschungsfeld.
Die ausschließliche Verwendung der männlichen Form »Arbeiter« wurde dabei weitgehend unhinterfragt beibehalten. Darin spiegelt sich auch eine bis heute existierende Forschungslücke über Arbeiterinnen und ihren Einfluss auf die kulturellen und politischen Formen der Arbeiter*innenbewegung. Durch die Verwendung des Begriffs »Arbeiter*innenkultur« innerhalb des Klassismusdiskurses soll daran erinnert werden, dass Geschichte immer auch unter dem Aspekt gelesen werden muss, welchen Beitrag Frauen oder Menschen mit anderen geschlechtlichen Selbstdefinitionen dazu geleistet haben. Arbeiter*innenkultur ist zwar auch ein Begriff, der bei genauerer Definition plurale Lebensformen beschreibt und keine einheitliche Kultur vor Augen führen kann. Dennoch sind die pluralen Bausteine, die sich aus der Geschichte der Arbeiter*innenkultur herausfiltern lassen, solche, die bis heute nachwirkende Kulturformen geschaffen haben, ohne dass diese mit dem Stichwort »Arbeiter*innenkultur« in Zusammenhang gebracht werden. Diese Leistungen sollen hier zumindest ansatzweise sichtbar gemacht werden, denn ihre Ausblendung ist ein Bestandteil von Klassismusstrategien als kulturelle Diskriminierungen.
Arbeiter*innenkultur wird häufig als eine sub- oder gegenkulturelle Bewegung verstanden oder als zwar eigenständige, aber letztlich doch am Bürger*innentum orientierte Bewegung. Auch wenn an beiden Positionen Richtiges ist, so geht diese Betrachtungsweise doch von dem Prinzip aus, dass unausweichlich überall dort, wo die eine Kultur hinkomme, die andere schon längst da sei. Die bürgerliche Kultur wird als Maßstab, als prioritäre Kultur, gesetzt, während Arbeiter*innenkultur als sich daran abarbeitende erscheint. Bereits diese Betrachtungsweise und Konstruktion von Geschichte ist klassistisch. Sie lässt unberücksichtigt, dass gesellschaftliche

Prozesse gleichzeitig stattfinden, wechselseitige Beeinflussungen auch dort stattfinden, wo Klassen strukturell hegemonial sind. Das Bürger*innentum hat sich zwar vor der Arbeiter*innenbewegung als solches konstituiert, gleichzeitig ist aber die Arbeiter*innenbewegung aus jenen gesellschaftlichen Schichten der Tagelöhner, Dienstbot*innen, Handwerker*innen, Bäuer*innen u.v.a. hervorgegangen, die bereits eigene kulturelle Formen parallel zur bürgerlichen Kultur oder in Verschränkung mit ihr entwickelt hatten. Arbeiter*innenkultur sichtbar zu machen, bedeutet also auch, eine antiklassistische Geschichtsforschung zu entwickeln.

Zu Beginn des 20. Jahrhunderts, nach Erstarken der Arbeiter*innenbewegung, erschienen zahlreiche Arbeiter*innenbiografien. Diese Biografien sind Dokumente von Selbstbildungs- und Politisierungsprozessen als Befreiungsstrategien aus Unterdrückungs- und Diskriminierungsverhältnissen. Für eine heutige Auseinandersetzung mit dem Thema Klassismus liefern sie wichtiges Material. An ihnen wird deutlich, dass die durch materielles Elend gekennzeichneten Erfahrungen der Autor*innen sowohl mit »Aberkennungsprozessen« und gewaltförmigen Handlungsweisen von Arbeit»geber«*innen einhergingen als auch mit Diskriminierungen zwischen Arbeiter*innen und innerhalb ihrer Familien.

Exemplarisch gehen wir hier auf Adelheid Popps 1909 veröffentlichte Biografie »Jugend einer Arbeiterin« ein. Popps Biografie erschien mit einem Vorwort von August Bebel und zunächst anonym, da die Autorin ihre Erfahrungen nicht als besondere, an eine Person gekoppelte verstanden wissen wollte, sondern als gesellschaftliche, verallgemeinerbare Erfahrungen. Erst in der dritten Auflage outete sie sich aufgrund der vielen Nachfragen.

Adelheid Popp besuchte nur drei Jahre die Schule. Ab dem Alter von zehn Jahren musste sie Geld verdienen und ihre Familie mitversorgen: »Die Mutter war ohne Arbeit und mein zweitjüngster Bruder war wegen schwerer Mißhandlungen aus seiner Lehre davongelaufen« (Popp 1991, 29). In ihrer Biografie schildert sie, wie sie immer wieder um Arbeit betteln musste und während ihrer Anstellung – zunächst als Dienstmädchen, in ihrer Lehre, im Armenhaus, später in der Fabrik – den Demütigungen der Arbeitgeber*innen ausgesetzt war. Ihre Mutter war zudem negativ gegenüber jeder Form von Bildung und Wissenserwerb eingestellt und versuchte, sie über Zuschreibungen und Herabsetzungen in der eigenen Klasse festzuhalten – ein Beispiel für horizontalen Klassismus.

Ab dem Alter von 17 Jahren war Adelheid Popp politisch aktiv; ihre Organisierung begann an ihrem neuen Arbeitsplatz, einer Fabrik neuen Typs. Sie engagierte sich zunächst für die Durchsetzung von Ruhetagen (Sonntag) und die Akzeptanz des 1. Mai als Feiertag. Später engagierte sie sich in der Sozialdemokratischen Partei. In ihrer Biografie reflektiert sie, wie sie sich systematisch durch Lektüre und durch Reden und Schreiben eine neue Sicht auf die Gesellschaft und damit auf ihre eigene Situation in der Gesellschaft aneignete. Sie benennt die Ausbeutung aufgrund ihrer Klassenzugehörigkeit, der sie neben sexistischen Übergriffen ausgesetzt war:

»Zwei Jahre blieb ich in der Lehre und erfuhr in dieser Zeit viel Kränkung, Härte und Herzlosigkeit. ... Meine Lehrfrau nahm den Standpunkt ein, ich müßte mich an alles gewöhnen, denn ›eine gnädige Frau wirst du ja doch nicht werden‹, meinte sie. Die beiden Kinder ließen an mir alle Bosheiten aus, deren sie fähig waren. Sie spotteten über meine Armut und machten sich lustig, weil ich im Sommer barfuß gehen mußte, was mich selbst bitter genug kränkte« (ebd., 41f.).

Gleichzeitig reflektiert sie aber auch, dass sie Klassismus selbst verinnerlicht hatte (internalisierter Klassismus). Bevor sie in der Fabrik arbeitete, hielt sie »Fabrikmädchen für schlecht«. Aber auch ihr kirchlich geprägter

Glaube und ihr Antisemitismus gerieten ins Wanken, wurden durch den Zugang zur Fabrikarbeit und die damit einhergehenden Politisierungs und Bildungs- wie Selbstbildungsprozesse reflektiert und schließlich abgelegt: »... und immer wieder fiel ein Teil meiner früheren Anschauungen in Trümmer.« Adelheid Popp wurde zu einer der bekanntesten Arbeiter*innen und Frauenrechtler*innen Österreichs. Sie verfasste zahlreiche Schriften und blieb auch als Rednerin unermüdlich aktiv.
Die politische Sozialisation von Adelheid Popp stand im Kontext einer sozialdemokratischen Arbeiter*innenkulturbewegung, die sich zum einen aus dem Widerstand gegenüber kapitalistischen Ausbeutungsmechanismen entwickelte, sich zum anderen aber nicht nur aus einem »Dagegen«-Impetus speiste, sondern aus der eigenen Kreativität und der Erfindung neuer kultureller Lebensformen. Insofern ist, wenn von Arbeiter*innenkulturen des 19. und des 20. Jahrhunderts gesprochen wird, ein weiter Kulturbegriff, der sehr viele Formen des Lebens – vom Essen bis hin zu politischen Lebensweisen – umfasst, sinnvoll. Adelheid Popp bildete sich sowohl durch die in der Arbeiter*innenbewegung selbst entstandene Literatur als auch durch ihre Teilnahme an der Produktion von Alternativen und neuem Kulturgut (wie zum Beispiel der Gründung eines sozialdemokratischen Mädchenvereins und der Arbeiterinnen-Zeitung). Dies ist typisch für die Arbeiter*innenkulturbewegung. Wo immer neue Organisationsformen entstanden, waren sie – zumindest in ihren Ursprüngen – durch das Prinzip der Selbstorganisation und der aktiven Selbstgestaltung durch Arbeiter*innen geprägt. Damit geht zwangsläufig ein anderes Verständnis von Bildung und Bildungsgut einher, also ein Verständnis von Lernen, das auf Selbsttätigkeit orientiert ist und nicht auf das autoritäre Eintrichtern von Unterrichtsstoff. Die proletarische Kinder- und Jugendliteratur, die zwischen 1870 und 1936 entstand, hatte z.B. den Anspruch, Kindern

und Jugendlichen andere Bilder der Wirklichkeit zu vermitteln als jene der hegemonial kapitalistischen und sie gleichzeitig bereits für politisches Engagement in der Arbeiter*innenbewegung zu sensibilisieren (Kunze/Wegehaupt 1985). Darüber hinaus versuchte sie, Kinder und Jugendliche zu ermutigen, sich gegen Demütigungen und herabsetzendes Verhalten, zum Beispiel in der Schule, zu wehren. Die Literatur ist jedoch durchaus heterogen, manche Bücher plakativ oder sehr auf Jungen zugeschnitten, andere wiederum differenzierend und weniger geschlechtsstereotyp (ebd.). Die Produktion von Bildungsmaterial in Form von Büchern, Zeitungen, Flugschriften sowie die mündliche Fortbildung durch Reden und Diskussionen in Versammlungen waren wichtiger Bestandteil der Arbeiter*innenkulturbewegung. Zu Beginn der Geschichte der Sozialdemokratischen Partei, mit der sich zunächst sehr viele Arbeiterinnen und Arbeiter verbunden fühlten, war deren Organisationsstruktur sehr stark durch freie Rede und offene Beteiligungsformen gekennzeichnet. Je mehr sich die Partei jedoch institutionalisierte und nicht mehr nur Arbeiter*innen-Interessen vertrat, desto mehr entfernte sie sich von diesen basisdemokratischen Ansätzen (Groschopp 1992). Die Gründung von Lesehallen, in denen Bücher und Publikationen der Arbeiter*innenbewegung gelesen werden konnten, gab einen wesentlichen Impuls für die Entstehung von Stadtbibliotheken. Ebenso war die Idee der Reformschulen getragen und beeinflusst durch die Arbeiter*innenbewegung und deren Umfeld. Es wurde nahezu jedes gesellschaftliche Feld von der Arbeiter*innenkulturbewegung besetzt und in irgendeiner Weise neu erfunden. Damit wurden auf unterschiedlichen Feldern die herrschenden Produktionsweisen und auch die politisch und gesellschaftlich hegemonialen Politik- und Lebensformen überschritten und teilweise durch eigene ersetzt, die dann wieder in den gesellschaftlichen politischen Alltag Eingang fanden:

»Es wurden auch bestimmte Verhaltensweisen eingeübt sowie Beispiele und Einrichtungen vorgeführt, die in der sozialistischen Zukunftsgesellschaft allgemein üblich sein sollten. So galt der KONSUM nicht nur als Laden oder Verbraucherorganisation, sondern als Vorbild für die künftige Verteilungsform produzierter Güter schlechthin: überall gleiche Preise, gesichertes Grundangebot, garantierte Gewinnbeteiligung der Käufer und Bezug der Waren aus Genossenschaften. Damit sollte zugleich eine Gemeinschaft der Käufer und Verkäufer planmäßig hergestellt werden« (Groschopp 1991).

Gemessen an der Vielzahl von arbeiter*innenkulturbewegten Verbänden besteht bis heute nur ein geringes Maß an Forschungsinteresse. Dass so wenig erforscht wurde, hängt zum einen damit zusammen, dass vieles in mündlicher, nicht dokumentierter Form stattgefunden hat und vieles aufgrund nationalsozialistischer Verfolgung vernichtet wurde. Zum anderen bestand aber in den herrschenden Institutionen in der BRD oder der DDR auch kein Interesse an der Aufarbeitung dieser alternativen Geschichte und deswegen ist die ungeheuere Vielfalt der Arbeiter*innenkulturbewegung bis heute kaum ins Bewusstsein der Mehrheitsbevölkerung vorgedrungen:

»In den Freizeitvereinen, den Jugend- und Frauenorganisationen, den Freidenker-, Abstinenten-, Stenografen- und Esperantistenverbänden hatten sich vor dem Kriege schätzungsweise 500.000 bis 600.000 Arbeiterinnen und Arbeiter zusammengeschlossen. Mit den Kinderschutzkommissionen, den Volkshäusern, dem Zentralverband deutscher Konsumvereine, den sozialdemokratischen Kindergärten, Gesundheits- und ähnlichen Verbänden, dem Verband der freien Gast- und Schankwirte, den Mietervereinigungen und Kleingärtnern, den Reservistentreffen, Schulentlassungsfeiern und Kinderfesten, dem Vertriebssystem von Literatur, den Kolporteuren, Zeitungsausträgerinnen, Bibliothekaren und Redakteu-

ren, den Arbeitersekretariaten, Arbeitsvermittlungsstellen und vielen anderen Organisationen, Einrichtungen, Veranstaltungen und Kulturarbeitern gelang es der deutschen Arbeiterbewegung, eine breite Massenbasis für sozialistische Ideologie und Politik zu schaffen.« (Groschopp 2002)

Selbst diese Aufzählung ist längst nicht vollständig. Zu ergänzen wären zum Beispiel eine Vielzahl von Arbeiter*innensportbewegungen, unter anderem die Radfahrbewegung, die das Rad als Kulturgut und Radfahren überhaupt populär gemacht hat. Zu untersuchen wären auch die vegetarischen/veganen Bewegungen der Arbeiter*innenkultur. Von all diesen Organisationen, deren geschlechtsspezifische Aufteilung noch weitgehend unerforscht ist, gingen Innovationen und alternative Handlungskonzepte aus, die zum einen systemstabilisierenden Charakter hatten, zum anderen aber auf eine radikal andere Gesellschaftsform ausgerichtet waren: »Mit ihren Organisationen schufen sich die Lohnabhängigen in der zweiten Hälfte des 19. Jahrhunderts Institutionen eigener Art. Das waren gesellige, genossenschaftliche, gewerkschaftliche, politische und künstlerische Einrichtungen. Ritualisierungen stabilisierten das Organisationsleben. Dortiges Tun beeinflusste tagtägliches Handeln über die Mitgliedschaft hinaus. Die Kultur proletarischer Organisation erlaubte Arbeitern eine in vielen Beziehungen konträre Identität zu den Markt- und Staatsabhängigkeiten, denen sich Arbeiter außerhalb gegenüber sahen. Die Kultur der Arbeiterbewegung und die durch sie vermittelte Sicht auf die kapitalistische Gesellschaft war eine organisierende Verhaltensregulation. Viele ihrer Einrichtungen der Lebenshilfe, Bildung, Unterstützung und politischen Vertretung schützten Arbeiter und ihre Familien vor negativen Folgen der Kapitalisierung. Tendenzen zu individualisierenden Lösungen sozialer Fragen setzten sie solche des kollektiven

Halts und der Gemeinschaftlichkeit entgegen. Auf diese Weise erfüllten die Institutionen der Arbeiterbewegung durchaus eine bewahrende, ja konservierende Funktion im Industrialisierungsprozeß. Doch war gerade die sozialistische Arbeiterbewegung keine konservative Kraft. Von ihr sollten vielmehr innovierende Einflüsse auf Markt und Staat ausgehen, die den ökonomischen wie sozialen Fortschritt vorantrieben« (Groschopp 2002). Eine tiefe Skepsis gegenüber Arbeit war Bestandteil der Arbeiter*innenkulturbewegung, wenngleich auch Teile von ihr Arbeit als Notwendigkeit für den Fortschritt propagierten und eine bürgerliche Arbeitsethik vertraten. Die kreativen Freizeiterfindungen der Arbeiter*innen zeigen, dass das Leben anders als durch Arbeit gestaltet werden kann und diese nicht zwangsläufig vermisst wird, wenn materielle Absicherung gegeben ist. Das, was die Arbeiter*innenkulturbewegung geschaffen hat, gewann nachhaltigen Einfluss auf die Gesellschaft vor dem Zweiten Weltkrieg und – durch die Neuen Sozialen Bewegungen – ab den 1970er-Jahren auch auf jene der Bundesrepublik.

Wenn auch an dieser Stelle der Fokus auf der Darstellung von Arbeiter*innenkultur liegt, so möchten wir doch in Erinnerung rufen, dass es neben der Arbeiter*innenkultur – oder zum Teil auch als Bestandteil dieser – eine ausgeprägte »Vagabund*innenkultur« gegeben hat, die unter anderem mit der Zeitschrift »Der Kunde«, verschiedenen Zusammenschlüssen von »Malervagabund*innen«, »Bruderschaften« und dem Vagabund*innenkongress 1929 eigene Ausdrucks- und Organisationsformen schuf. Dies steht im Widerspruch zu aktuellen Debatten, die der »Neuen Unterschicht« ein Verhalten zuschreiben, welches aus der Langzeitarbeitslosigkeit resultiere. Diese »unterbürgerliche Kultur« müsse durch die »bürgerliche Leitkultur« (Nolte 2004, 144) bekämpft werden. Ein Blick in die Geschichte oder aber auch in die Armenviertel Brasiliens, in denen sich

Formen solidarischer Ökonomie bilden, zeigt, dass es keiner bürgerlichen Leitkultur bedarf, um neue Lebensformen zu kreieren.

3.2. Klassismus in der Arbeiter*innenkulturforschung

Die Studien zur Arbeiter*innenkultur, die jeweils unterschiedliche Ansätze verfolgen, thematisieren alle auch Diskriminierungs- und Unterdrückungsverhältnisse, ohne diese jedoch einer komplexen Reflexion zu unterziehen. Zum Teil werden in diesen Studien, wie Dieter Kramer (1987) zeigt, Diskriminierungen produziert und stereotype Sichtweisen hergestellt. Kramers Buch gehört im deutschsprachigen Raum zu den wenigen, die sich mit der Frage der unterschiedlichen theoretischen Zugänge zur Arbeiter*innenkultur kritisch und systematisch auseinandergesetzt haben. Die wichtigsten Punkte sollen hier kursorisch benannt werden. Ausgangspunkt für die Arbeiter*innenkulturforschung war die Studierendenbewegung seit 1968, deren Interesse zunächst der Geschichte der Arbeiter*innenbewegung galt, also der unmittelbar politisch organisierten Geschichte. Später entwickelt sich jedoch auch ein Forschungszweig, der Arbeiter*innenkultur vor allem auf der Grundlage des Vereinswesens von Arbeiter*innen untersucht und verstanden wissen will. In den 1970er-Jahren wurden Ausstellungen und Museen zur Arbeiter*innenkultur eingerichtet und so ein Stück Kulturgeschichte wieder sichtbar gemacht. Kramer stellt allerdings fest, dass seit Ende des 19. Jahrhunderts quer durch die politischen Richtungen defizitorientierte, elendsbezogene, reduzierende Darstellungen vorherrschen (Kramer 1987, 23f.): »Interpretationen der Arbeiterkultur, die sich solcherart auf die Abwesenheit von ›Kultur‹ im üblichen Sinne, auf das Fehlen von Entfaltungsmöglichkeiten und auf negativ gewertete Aspekte beziehen, können sich leicht durch Beschreibungen der Lage der arbeitenden Klasse bestätigt fühlen.«

Angefangen mit Engels´ »Lage der arbeitenden Klasse in England« bis hin zur umfassenden Darstellung von Jürgen Kuczynski werden darin Arbeiter*innen (meist beziehen sie sich jedoch ausschließlich auf Arbeiter) als extrem depravierte Klasse vorgestellt, der jegliche Kultur abgesprochen wird. Zugespitzte Formen dieses theoretischen Ansatzes sind der mit Untersuchungen von Lebenslagen festgestellte »Kulturzustand« oder der Zustand des Arbeiterbewusstseins. Das Ganze erscheint gut gemeint, weil es darum gehe, die elenden Verhältnisse zu beseitigen, damit die Arbeiter*innen zur Kultur kommen könnten (ebd.). Zu Recht verweist Kramer jedoch darauf, dass Sichtweisen, wie sie bereits in 1970er-Jahren theoretisch in den USA präsent waren, aber auch die Dokumente der Arbeiter*innenbewegung selbst, einen anderen Ansatz unter dem Stichwort »Kulturen der Armut« ermöglicht hätten. Dabei geht es nicht darum, materielles Elend zu beschönigen, sondern den Menschen in elenden Verhältnissen Anerkennung und Respekt als Menschen entgegenzubringen. Wenn dieser Zugang gewählt würde, würde das System der Legitimierung von ungleichen Lebensbedingungen ebenfalls ins Wanken gebracht werden. Wo Menschen als Gleiche anerkannt und erkannt werden und nicht fremd und anders gemacht werden (Rommelspacher 1995), wird auch die Legitimation für Ausgrenzung geschwächt. Denn Herabsetzung und Abwertung gehört zur Strategie materieller Ausbeutung.

Ein weiterer Zugang ist die theoretische Fassung der Arbeiter*innenkultur im Bereich der Volkskunde, zum einen mit völkischen Romantisierungstendenzen, zum anderen mit der Absicht der Herstellung von Solidarität zwischen Bauern/Bäuerinnen und Arbeiter*innenbewegung, in dem die Arbeiter*innen nicht höher gewertet werden (Kramer 1987).

Ein anderer Zweig der Forschung beschäftigt sich mit der Arbeiter*innenkulturforschung bezüglich ihrer Sym-

bolik und Rituale in der Arbeiter*innenbewegung und extrahiert eigenständige kulturelle Muster heraus (Arbeiter*innenbewegungskultur).
Unterschiedliche Theorieansätze betrachten Arbeiter*innenkultur als »den beschwerlichen Weg zur bürgerlichen Kultur« (ebd., 59) oder thematisieren umgekehrt die Gefahren einer »Verbürgerlichung« oder »Verkleinbürgerlichung« der Arbeiter*innenkultur.
Andere Sichtweisen bringen Arbeiter*innenkultur sehr stark in Verbindung mit der Massenkultur. Ihre Vertreter*innen erzeugen bis heute Bilder, die die Arbeiter*innenkultur von vermeintlicher Hochkultur oder Alternativkultur abheben und sie im Bereich der vermeintlich »niederen«, eben Massen- und Konsumkultur verorten. (Stichwort »Unterschichtfernsehen«) (Nolte 2004). Weitere Ansätze untersuchen Arbeiter*innenkultur als Sub- oder Gegenkultur (vgl. Kramer 1987).
Der theoretische Ansatz der »Lebensweise« (Maase 1985) betrachtet die Arbeiter*innenkultur als ein aktives Engagement von Menschen, das untersucht werden kann. Kramer gewichtet diesen Ansatz als einen, der einen Ausweg aus herabsetzenden und normsetzenden Betrachtungsweisen ermöglicht, dennoch bleibt er dem damit verbundenen Kulturbegriff gegenüber kritisch: »Wir begnügen uns hier nicht mit einem Begriff von Kultur, der diese mit Lebensweise gleichsetzt oder auf ein System von Symbolen reduziert, sondern sehen in Kultur ein orientierendes und wertendes System, mit dessen Hilfe die Menschen in einer Gesellschaft über das entscheiden, was ihnen wichtig und lebenswert ist« (Kramer 1987, 19). Mit diesem Kulturbegriff bewegt sich Kramer dicht an dem der Cultural Studies. Denn dort, wo mit dem Kulturbegriff der Blick auf unterschiedliche Wertesysteme in der Gesellschaft gerichtet wird, können auch die damit verbundenen Auf- und Abwertungssysteme sowie die hegemonialen Kulturstrukturen und ihrer Hintergründe untersucht werden, ohne erneut in Ab- und Aufwertungs-

systeme zu verfallen. Ob es sich um Untersuchungen der Ökonomie von Arbeiter*innenhaushalten oder des Freizeitverhaltens von Arbeiter*innen handelt, ob ihr Sexualleben, ihr Fernsehkonsum oder ihre Lesegewohnheiten analysiert werden, und unabhängig davon, zu welcher historischen Zeit dies geschieht: in vielen Studien werden klassistische Aussagen, Annahmen und Stereotype über Arbeiter*innen unhinterfragt reproduziert. Detaillierte Untersuchungen von Klassismus in wissenschaftlichen Studien stehen noch aus. Eine Ausnahme ist die von Weyrather (2003) zum »Bild der Fabrikarbeiterin in der Sozialforschung« verfasste Studie.

3.3. Unterdrückung, Diskriminierung und Verfolgung von Arbeiter*innenkultur

Die Herabsetzung der Arbeiter*innenkultur und die Zuschreibungen von Kulturlosigkeit erfolgen über Stereotype. Diese können an oft jahrhundertealte Vorurteile anknüpfen. Die Geschichte der Sklaverei in all ihren unterschiedlichen Formen ist eine Geschichte der kompletten Entrechtung von Menschen und der gewaltsamen Oktroyierung von Arbeiten, die ihrer Ausbeutung dienen. Zugleich ist es auch eine Geschichte der unentwegten Zuschreibung von Minderwertigkeit und Unfähigkeit. Beleidigungen, Verletzungen und Gewalt gegenüber Sklav*innen, die nicht einmal als Menschen, sondern als Sache betrachtet wurden, waren in den jeweiligen Sklav*innenhalter*innengesellschaften legitimiert und entsprechend an der Tagesordnung. Der menschliche und soziale Status in der Gesellschaft wurden ihnen radikal abgesprochen (Patterson 1982). Auch moderne Formen der Sklaverei wie Frauenhandel, Arbeitssklaverei, u.a. operieren mit Gewalt und der grundsätzlichen Infragestellung des Menschseins. Damit stehen sie für die extremsten Formen von Klassismus, weil sie den Tod des Menschen bereits mit einkalkulieren.

Stereotype dienen auch dazu, reale Verhältnisse so

darzustellen, als seien letztlich immer diejenigen Schuld, die in diesen Verhältnissen leben. Sie sind eng gekoppelt an die Geschichte der Verfolgung von Gruppen, und oft lassen sich dazu unmittelbare Bezüge herstellen. Mit der Herausbildung der neuen Arbeiter*innenklassen im 19. Jahrhundert gingen massive Restriktionen und strukturelle Entrechtungen von Seiten der Staaten einher. Arbeiter*innen hatten in Deutschland bis 1871 und zum Teil darüber hinaus durch die Sozialistengesetze und reale Verfolgungspraxen kein Versammlungs- und Vereinsrecht, keine Presse- und Publikationsfreiheit, 16-Stundentage in Fabriken mit unsicheren Arbeitsplätzen, extrem beengte Wohnverhältnisse, kaum medizinische Versorgung, keine Bürger*innenrechte (Gewerbefreiheit, Reisefreiheit, Wahlrecht...).
Damit einhergehend wurden immer auch herabsetzende Bilder zur Legitimation der Verhältnisse und zur Diskreditierung von Widerstand propagiert:

»An dauerhafte und organisierte Widerstandsformen gegen Kapital und Kapitalist war unter diesen Unständen nicht zu denken. Vereinzelte, oft gewaltsame Eruptionen aus Verzweiflung wurden im ausgehenden 18. und beginnenden 19. Jahrhundert zu Hauptformen des Protestes. Die Polizeisprache im Vormärz bezeichnete die Aufbegehrenden als ›schlechteren Teil der Arbeiter‹, ›Gassenjugend‹ ›liederliche Gesellen‹ ›Weibsgesindel‹, ›raub- und zerstörungssüchtigen Pöbel‹, ›wütende und besoffene Haufen‹, ›gesinnungs- und charakterlose Masse‹, ›vandalische Menge‹, ›Rotte wüster Tumultanten‹, ›fanatischer Haufen‹, ›Vermögenslose‹, ›Hefe des Volkes‹, ›Menschen niedrigster Stände‹, ›Blusenmänner‹ und ›freche Weiber‹« (Groschopp 2002).

Aufgrund des Versammlungsverbots und dem Mangel an Räumlichkeiten in den Wohnungen waren Gasthäuser teilweise der einzig mögliche Ort für politische Begegnung. Vor diesem Hintergrund entstand das Stereotyp, dass Arbeiter »trunksüchtig« seien. Und aus der Tatsache, dass Arbeiter*innen zudem in äußerst beengten und prekären Wohnverhältnissen lebten, die oft gekündigt wurden, was einen häufigen Wohnungswechsel nach sich zog, wurde die Zuschreibung des »Nicht-Häuslichen« und in der Folge die der »Unzuverlässigkeit« und der »Sittenlosigkeit« konstruiert. »Schamlosigkeit, vor allem in geschlechtlichen Dingen, Dieberei, Trunk- und Spielsucht, Liederlichkeit und Verschwendung, Arbeitsscheu, Lüge und Unzuverlässigkeit, Mangel an häuslichen Sinn« (zit. n. Kramer 1987, 53) sowie eine generelle »Minderwertigkeit« (ebd., 53) waren Zuschreibungen, die auch von Wissenschaftler*innen und Philosoph*innen in ihren Werken hergestellt wurden.

Die Aufarbeitung von Sexismus, Heterosexismus, Rassismus, Antisemitismus in diesen Werken hat erst mit der Thematisierung und Infragestellung durch die sozialen Bewegungen, insbesondere den Frauenbewegungen begonnen und ist noch längst nicht abgeschlossen. Die Aufarbeitung der klassistischen Stereotype in der Geschichte der Literatur, Geisteswissenschaften und Sozialwissenschaften steht erst am Anfang. Kramer weist darauf hin, dass bürgerliche Stereotype in den Werken von kanonisierten Denker*innen fortexistieren und damit immer wieder in der Gesellschaft reproduziert werden:

»Die Vorstellung, daß Kultur und Leben der Arbeiter in erster Linie durch Verelendung und die Abwesenheit von Kultur gekennzeichnet sind, lebt gleichwohl weiter – einschließlich der Klage Werner Sombarts, daß ihnen ›aller Schmelz, aller Duft und Glanz vergeistigter Erotik fehlt und in ihnen ein Geschlecht heranwächst, daß keine Hausmusik mehr kennt‹« (Kramer 1987, 26).

Zugleich gelten die Bewertungskriterien, die Personen des Bürger*innentums anlegen, als selbstverständliche Norm und bedürfen keiner Legitimation. Elend und Armut von Menschen werden automatisch mit Unmoral,

Unwissenheit, Brutalität in eins gesetzt. Bilder, die in heutigen Debatten um die sogenannten »Unterschichten« wiederkehren. In diesem als »Othering« bezeichneten Prozess, werden Menschen durch Zuschreibung, Herabsetzung, Aus- und Abgrenzung fremd und anders gemacht, um die eigene Kulturform aufzuwerten und als dominante und richtige zu etablieren (Rommelspacher 1995), an der alle anderen gemessen werden müssen. Auf diese Weise können sich die bürgerlichen Klassen als moralisch gut, intelligent und friedlich konstruieren, unabhängig von ihren tatsächlichen Handlungen. Es ist der Versuch, die Unterdrückungsmechanismen, seien es Krieg, Ausbeutung oder Herrschaft, als kulturelle zu legitimieren.

»Othering« von armen Menschen erfolgt auch in wissenschaftlichen Studien. Über die sogenannte Unterschicht wird im klar definierten Rahmen »Armut« geforscht, kaum im Kontext von anderen Studienfächern wie Kunst, Kultur, Musik oder Philosophie. Armutsforschung ist wichtig und macht zurecht soziale Ungleichheiten, die aus materiellen Verhältnissen resultieren, sichtbar: Weil die Gesellschaft materiell ungleich strukturiert ist, können Eltern, die kein Geld haben, ihre Kinder nur in bestimmte Schulen schicken, nur begrenztes Material zum Lernen erwerben, möglicherweise nicht genügend Raum zur Verfügung stellen. Auch Arztbesuche, Medikamente, Vorsorgemaßnahmen, Freizeitmöglichkeiten u.v.m. sind an Geldressourcen gebunden. Von den materiellen Verhältnissen, in denen Menschen leben, wird aber häufig zugleich auf ihre soziale Kompetenz oder ihr Kommunikationsverhalten geschlossen. Von Armut betroffene Menschen machen die Erfahrung, mit Bezug auf ihren sozialen Hintergrund kategorisiert, stereotypisiert und stigmatisiert zu werden (vgl. Galen/Noblit/Apple 2007). Dabei werden sie implizit an einem Ideal gemessen (Gewaltlosigkeit, respektvoller Umgang, Anerkennung und nichtdiskriminierendes Verhalten etc.), dem teilweise Angehörige anderer Klassen, darunter auch Lehrer*innen, Hochschullehrer*innen, Politiker*innen, Manager*innen u.a., ihrerseits nicht gerecht werden. Das wird bei der Konstruktion von Defizitkulturen jedoch nicht problematisiert, sondern zugedeckt. Die Lernkultur ist eine Mittelklassenkultur, und die Kultur der anderen, sogenannten »unteren Klassen« ist daran gemessen immer eine Defizitkultur. So wird die Beteiligung am Bildungssystem immer als Zugang definiert, der die Defizite im günstigsten Fall aufheben soll. Dabei sind es die Systeme selbst, die auch Ausgrenzung produzieren, indem sie sich zum Maßstab aller Anerkennung machen, obwohl sie selbst in ihren Inhalten, Lern- und Kulturformen durch Diskriminierungs- und Machtstrukturen geprägt sind. Damit sind und bleiben die Menschen aus Arbeiter*innen- und Armenklassen die ganz und gar Anderen. Wenn heute Arme, Arbeitslose oder Arbeiter*innen als »leistungsunwillig«, »dumm«, »faul«, »gewalttätig«, »bildungsfern« u.ä. gelten, dann sind diejenigen, die diese Feststellung treffen, zugleich der Meinung: Die können ja nichts dafür, dass sie so sind, und wir müssen die gesellschaftlichen Verhältnisse so ändern, dass sie auch so werden können wie wir, die Mittel- und Oberschicht. Wie sind denn Menschen aus der sogenannten Mittel- und Oberschicht in der Bundesrepublik? Handelt es sich um die zivilisierten, gebildeten, kultivierten, konfliktfähigen Personen, als die sie sich in Grenzziehung zur »Unterschicht« repräsentiert sehen möchten? Teile der Mittel- und Oberschicht dieses Landes sind qua ihrer Herkunft politische und wirtschaftliche Entscheidungsträger*innen. Das bedeutet, dass sie tagtäglich Anordnungen treffen, die gewaltförmige, ausgrenzende Konsequenzen für andere Menschen (z.B. aus anderen Schichten, Flüchtlinge, Kinder und Jugendliche, Menschen in anderen Ländern u.a.) haben. Ist das kultiviert? Alkoholismus, häusliche Gewalt, Gewalt gegen Kinder kommen gleichermaßen, aber unterschiedlich sichtbar, in allen Schichten vor. So kann sich beispielsweise die geschlagene Ehefrau eines Konzernchefs ein Hotelzimmer leisten und wird kein Frauenhaus aufsuchen müssen. »Gruppenbezogene Menschenfeindlichkeit« (Heitmeyer), Diskriminierung und eine Kultur der Abwertung anstelle von Respekt und Wertschätzung sind in der Bundesrepublik klassenübergreifende Phänomene. Teile der Kultur der Mittel- und Oberschichten sind ausgrenzend und setzen ihre Exklusionen normativ ins Recht. Das funktioniert nicht nur auf der Grundlage der ökonomischen Effekte, die in der kapitalistischen Gesellschaft produziert werden, sondern ebenso auf der Grundlage der kulturellen Herrschaftseffekte, die hergestellt werden müssen. Denn sogenannte »untere« Klassen werden automatisch mit Bildungslosigkeit (»Bildungsferne «) gleichgesetzt. Auch wenn strukturell Bildungszugänge zu den herrschenden Bildungssystemen verhindert werden, gibt es kaum jemand, der sich dafür interessiert, welche Bildung, Kompetenzen und Kulturen denn eigentlich in diesen sogenannten unteren Klassen entstehen, von denen die anderen lernen könnten. Der Gedanke scheint für etliche Politiker*innen, die im Bundestag nicht selten eine Kultur wechselseitiger Herabsetzung und Abwertung pflegen, abwegig zu sein. Sie sehen sich aufgrund ihrer Position zu diesem Verhalten legitimiert und können eine Kultur der Respektlosigkeit als kulturelle Normalität praktizieren, während sie zugleich dieses Verhalten anderen zuschreiben.

3.4. Arbeiter*innenkultur und Nationalsozialismus

Die historischen, politischen Organisationen der Arbeiter*innenbewegung/Arbeiter*innenkulturbewegung und ihre Mitglieder wurden mit der Machtergreifung der nationalsozialistischen DIktatur ausgegrenzt, verboten, verfolgt, eingesperrt, umgebracht (vgl. u.a.

Schneider 1989; Asgodom 1983). Vertreter*innen der Arbeiter*innenbewegung aus sozialdemokratischen, kommunistischen, sozialistischen und kirchenbezogenen. Organisationen wurden »als bolschewistische Bedrohung« zu zentralen Feinden der nationalsozialistischen Diktatur erklärt (Mason 1995, 233). Engagierte Arbeiter*innen wurden zu Opfern nationalsozialistischer Umerziehung, geringste Anzeichen von Widerstand in Betrieben wurden sofort niedergeschlagen (Sandvoß 2007). Mit den Praxen der Einschüchterung, Herabsetzung, politischen Ausgrenzung konnten Nationalsozialist*innen an eine lange Tradition der Verfolgung von und der Repression gegenüber (politischen) Arbeiter*innen seit dem 19. Jahrhundert anknüpfen. Negative Bilder und Vorurteile gegenüber (politischen) Arbeiter*innen und gegenüber Menschen, die anders oder gar nicht arbeiten wollten, waren ebenfalls anschlussfähig an nationalsozialistische Ideologien (vgl. Ayaß 1995). Die politischen und wirtschaftlichen Repräsentanten und Eliten waren in der nationalsozialistischen Diktatur ebenso wie in anderen kapitalistischen Gesellschaftsformen Angehörige der Mittel- und Oberschichten. Bereits frühzeitig waren es insbesondere junge, gut ausgebildete Männer (z.B. Juristen), die sich für die nationalsozialistische Ideologie begeisterten und den Nationalsozialismus aufbauten (vgl. u.a. Herbert 1996). Diese rekrutierten sich zu einem großen Teil aus konservativen Eliten (vgl. Paxton 2006). Zahlreiche Studien über die Eliten im Nationalsozialismus (vgl. u.a. Hirschfeld/Jersak 2006; d´Almelda 2007) belegen gewissermaßen, dass Bildung (im Sinne von vermeintlich »höherer« Bildung) und Reichtum eine Begeisterung und ein Engagement für Gewalt und Diktatur nicht verhindern. Die Nationalsozialist*innen konnten in der linkspolitischen, organisierten Arbeiter*innenbewegung kaum Zustimmung finden. Die Gründe hierfür sind auf mehreren Ebenen zu suchen: der Nationalsozialismus brachte in der Zeit zwischen 1933 und 1936 keine wesentlichen materiellen Veränderungen für die Arbeiter*innen; viele arbeiter*innenkulturelle Traditionen und Politiken standen konträr zum Nationalsozialismus, und viele hatten sich schon frühzeitig gegen nationalsozialistische Aktionen und Organisationen positioniert und gemeinsam mit den Intellektuellen in den Organisationen einen massiven Widerstand entwickelt (vgl. u.a. Sandvoß 2007; Roth/Ebbinghaus 2004). Dennoch stellt Mason die berechtigte Frage, warum es nicht gelungen ist, aus diesem großen und konsequenten Widerstandspotential eine kollektivere Form von Widerstand im Nationalsozialismus zu entwickeln. Gründe sieht er in einem komplexen Ineinanderwirken von verschiedenen Faktoren: in dem massiven Polizeiterror und der extremen Verfolgung aller Aktivitäten, der damit verbundenen Einschüchterung; in der Zerstrittenheit und daraus resultierenden Zerrüttetheit der verschiedenen politischen Richtungen der Arbeiter*innenbewegung; in der Einführung des »Leistungslohnes« durch die Nationalsozialisten und der damit verbundenen Stärkung von Konkurrenz unter Arbeiter*innen. Durch Lohnerhöhungen und die Integration der Konsuminteressen profitierten Arbeiter*innen vom System, die Integration und Transformation von Arbeiter*innenkulturformen war verbunden mit einer Entsolidarisierung von Arbeiter*innen gegenüber Zwangsarbeiter*innen und dem damit einhergehenden Rassismus. Rassismus in der deutschen Arbeiter*innenbewegung, auch vor dem Nationalsozialismus, wird von Mason noch als Forschungslücke formuliert ebenso wie Untersuchungen über die Anschlussfähigkeit bzw. Nichtanschlussfähigkeit von Arbeiter*innenkultur an den Nationalsozialismus (Mason 1995, 252). Die nationalsozialistische Arbeitsideologie beruhte auf klassistischen ebenso wie auf rassistischen, antisemitischen, sexistischen, behindertenfeindlichen Stereotypen sowie Vorurteilskonstruktionen gegenüber

Roma. Insofern ist der Streit, wie ihn beispielsweise Karl Heinz Roth und Wolfgang Wippermann (1998) führten, ob der Nationalsozialismus ein »Rassenstaat« oder ein »Klassenstaat« gewesen sei, fragwürdig. Denn es handelt sich um ein komplexes, sich wechselseitig verstärkendes und legitimierendes Geflecht von Herrschafts- und Gewaltverhältnissen, die bei der Analyse alle gleichberechtigt berücksichtigt werden müssen.
Die nationalsozialistische Ideologie einer konstruierten »hoch stehenden germanischen Rasse«, die eine »Unterklasse« von Menschen aus den als minderwertig definierten Völkern rekrutiert und für sich unliebsame Arbeiten verrichten lassen würde, ist eine radikale Form von Klassismus in der Verknüpfung mit Rassismus. Zugleich wurde Arbeit (vgl. Goldhagen 2000, Schatz/Woedicke 2001) in ihrer ad absurdum geführten Form zur Vernichtung von Menschen eingesetzt, versehen mit der zynischen, menschenverachtenden Ideologie »Arbeit macht frei« oder »Jedem das Seine« am Eingang der Konzentrationslager Auschwitz und Buchenwald. Tatsächlich ging es darum, Menschen über die Verrichtung von Tätigkeiten herabzusetzen, zu entwürdigen und zu töten. Hier überschneiden sich z.B. Antisemitismus, Antiziganismus und Klassismus. Eine weitere Form des Klassismus als nationalsozialistische Strategie galt den sogenannten »Arbeitsscheuen«, Menschen, die aus unterschiedlichen Gründen nicht der Arbeitsvorstellung der Nationalsozialist*innen entsprachen. Verwandt hiermit ist der Klassismus gegenüber kritischen Intellektuellen, das heißt politischen Intellektuellen, jüdischen Intellektuellen, Intellektuellen, die Theorien produzierten, die den Nationalsozialist*innen bedrohlich erschienen oder von ihrer Weltsicht abwichen. Anti-Intellektualismus als eine Form des Klassismus überschneidet sich mit Sexismus und Antisemitismus. Intellektuelle und Juden werden als weiblich oder unmännlich herabgesetzt. Dagegen hat Ernst Jünger u.a. das Bild des männlichen Arbeiters

entworfen, der Techniker, Soldat ist.
Nach dem Ende des Nationalsozialismus erfuhr der bürgerliche Widerstand in der Bundesrepublik zunächst eine größere Anerkennung als der Widerstand der Arbeiter*innenbewegung. Während beispielsweise Stauffenberg oder die Studierenden der Weißen Rose gewürdigt wurden, fand die Krimininalisierung und Diffamierung der Arbeiter*innenjugendlichen der Edelweißpiraten bis in die 1980er-Jahre ihre Fortsetzung (vgl. Buscher 1988).

3.5. Proletkultbewegung

In der Debatte um das Verhältnis zwischen bürgerlicher Kultur und Arbeiter*innenkultur spielte die in der frühen Revolutionsphase der Sowjetunion entstandene sogenannte Proletkultbewegung ebenso eine besondere Rolle wie die damit verwandten sozialpsychologischen Ansätze Otto Rühles. Dieser Bewegung ging es darum, eine vollkommen eigenständige Arbeiter*innenkultur zu entwickeln. Eines ihrer Ziele war die flächendeckende Errichtung von Arbeiter*innenschulen und Arbeiter*innenuniversitäten. Die Arbeiter*innen sollten die ihnen unterstellte Verbürgerlichung verlernen bzw. erst gar nicht lernen und stattdessen etwas ganz Eigenes entwickeln. Die bürgerliche Kultur wurde in all ihren Formen als eine letztlich mit Unterdrückung und Zurichtung verbundene Kultur abgelehnt, denn Proletariat und Bürger*innentum ständen sich unversöhnlich gegenüber.
In den Jahren vor der Oktoberrevolution wurde dieser Disput zwischen Lenin und dem Gründer der Proletkultbewegung, Alexander Bogdanow, ausgetragen. Es ging um die Frage, ob die Kultur der neuen Gesellschaft an die vorangegangene bürgerliche Kultur anknüpfen solle oder ob nun für eine Kultur Platz geschaffen werde solle, die grundsätzlich vom Arbeitsprozess ausginge und sich auf die Situation der Arbeiter*innen beziehe. Mit den zu schaffenden Arbeiter*innenschulen und Arbeiter*innenuniversitäten

sollten nicht nur erstmals Arbeiter*innen die Möglichkeit einer intellektuellen Bildung erhalten, sondern auch die Forschung, die Methoden und Zielsetzungen der Wissenschaften sollten grundlegend erneuert und vom Standpunkt der Arbeiter*innen organisiert werden. Die Proletkultbewegung konnte sich jedoch in der Sowjetunion nicht durchsetzen. Wenn also heute in Politikerreden von der schädlichen Proletarisierung der östlichen Länder gesprochen wird, so muss festgehalten werden: eine »Proletarisierung« fand nie statt.

Auch Otto Rühle vertrat den Ansatz einer Selbstorganisation von Arbeiter*innen. In seiner Untersuchung: »Zur Psychologie des proletarischen Kindes« (Rühle 1975) forderte er die Entwicklung einer nichtbürgerlichen Psychologie, die den Arbeiter*innen gerecht werde. Er stellte fest, dass das proletarische Kind mit verschiedenen Unterdrückungsverhältnissen gleichzeitig konfrontiert sei. Zunächst sei es wie bei allen Kindern die »Erwachsenenkultur«, welche sich inzwischen auch als »Klassenkultur« darstelle, gleichzeitig aber eine »Männerkultur« sei:

»Und wie die erwachsene Generation der Besitzenden nunmehr Wirtschafts- und Staatsordnung zu repräsentieren begann, so wurde sie Trägerin, Bildnerin und Repräsentantin der gesellschaftlichen Kultur und Ideologie. Genauer gesagt: nur die Männerschicht der Erwachsenen-Generation der besitzenden Klasse. « (ebd.: 50)

In der heutigen Gesellschaft stünden sich die besitzende und die besitzlose Klasse in ökonomischer, sozialer und kultureller Feindschaft gegenüber. Noch härter als der Mann sei im Proletariat die Frau von den Benachteiligungen der »plutokratischen Ordnung« betroffen. Die Ursache hierfür liege darin begründet, dass die Gebiete, die das Monopol der männlichen Betätigung bilden, von der Gesellschaft höher gewertet würden und der Mann daher mehr »soziale Wertgeltung«, mehr Freiheiten und Annehmlichkeiten als die Frau genieße. In noch höhe-

rem Maße als die proletarische Frau sei jedoch das proletarische Kind kulturell benachteiligt. Handele es sich um ein proletarisches Mädchen, so drücke das Gewicht einer dreifachen Überlegenheit auf seine sozialpsychologische Position (vgl. ebd.: 51).
In der »proletarischen Protestmännlichkeit« der Arbeiter sah er eine in der Entwicklung stehen gebliebene Widerstandsform. Erst die unabhängige, selbstorganisierte anarchistische Arbeiter*innenjugendbewegung könne eine angemessene proletarische Widerstandskultur schaffen.
Allerdings finden sich in den Schriften Rühles wie auch in der Proletkultbewegung klassistische Positionen. Otto Rühle vertritt neben antiklassistischen auch klassistische Positionen, so z.B. mit dem Begriff der Kultursklaverei: »Nirgends ein großer Zug, ein kühner Wurf. Keine selbstbewußte Geste, kein Mut zu eigener Gestaltung des Daseins! Traurig die Konstatierung: überall verpfuschte Bürger, sitzengebliebende Spießer, vergessene Anwärter auf das Kanapee des behaglich-sorglosen Rentnertums« (ebd.). Er überhäufte die Arbeiter*innen mit Vorwürfen, sie seien verbürgerlicht und permanent der Gefahr des Verkleinbürgerlichung erlegen. Obwohl die Proletkultbewegung interessante, innovative Projekte hervorgebrachte verschwand sie seit Ende der 1920er-Jahre (Kijewski 1983).

3.6. Arbeiter*innenkulturen in der DDR

Die konsequente Infragestellung und Kritik bürgerlicher Lebens- und Arbeitsformen war auch in der ehemaligen DDR nicht erwünscht. Hier wurde nicht an die Traditionen und autonomen Projekte der Arbeiter*innenbewegung angeknüpft. Es wurde angestrebt, aus einer Mischung von Arbeiter*innenkulturen, Bauern- und Bäuer*innenkulturen, bürgerlichen Kulturformen und durch den vom Parteiapparat neu konstituierten Formen ein neues Staatsgebilde zu schaffen. Bis Ende der 1970er-Jahre gab es in der DDR nur wenige Publikationen, »die sich mit der Kulturgeschichte des Proletariats, besonders mit der Geschichte der Kulturarbeit in der deutschen Arbeiterbewegung beschäftigten. Schon eine unvollkommene Aufzählung zeigt den Trend. Das Schwergewicht lag, von einem breiter angelegten Versuch des Historikers Peter Schuppan abgesehen, in den fünfziger und sechziger Jahren auf der Behandlung von Kunst- und Bildungsfragen. Die Bücher und Artikel zur Arbeiterbildung, Arbeiterliteratur, Arbeitermusik und Arbeiterbildkunst verfolgten das Ziel, die Traditionen der deutschen Arbeiterkulturbewegung für die Entwicklung und Begründung der Kulturpolitik der DDR einzusetzen. Doch selbst diese bescheidenen Untersuchungen, angeregt besonders an der Leipziger Universität, wurden nicht zielstrebig weitergeführt, wie die geringe Zahl kulturhistorischer Dissertationen zeigt« (Groschop 2006). Selbst die Idee und Aufforderung, politische Entscheidungsfunktionen mit Arbeiter*innen zu besetzen, hatte noch klassistische Aspekte, denn es stand dabei der Gedanke im Vordergrund, sie müssten sich Kultur erst aneignen und sich persönlich gewissermaßen zu führungsfähigen Personen entwickeln, was ihnen offenbar von vorneherein auch in der DDR abgesprochen wurde:

»Im Unterschied zur sowjetischen Kulturrevolution, mit der die Rückständigkeit des halbfeudalen Agrarlandes überwunden werden sollte, wurden hier nun die Arbeiter allgemein (und die in Leitungsfunktionen aufgestiegenen ganz besonders) dazu aufgefordert, die ›Höhen der Kultur‹ zu erstürmen. Mangelnde Befähigung zur politischen und wirtschaftlichen Führung wurde als kulturelles Problem gesehen (›Probleme des Zurückbleibens des subjektiven Faktors‹ hieß das bei Walter Ulbricht). Es ist für den Bereich der politischen Kultur nicht untersucht worden, was die Arbeiterbewegung den organisierten Arbeitern an Kenntnissen und Erfahrungen vermittelt hatte, die nun für

den Gesellschaftsaufbau nutzbar wurden. Das hätte auch den kommunistischen Führungsanspruch geschmälert, denn es war ja offensichtlich, daß die Gestaltung ganzer Gesellschaftsbereiche ohne die sozialdemokratischen Erfahrungen aus der Weimarer Republik (etwa in Kommunal-, Sozial-, Gesundheits- und Kulturpolitik) gar nicht möglich gewesen wäre« (Mühlberg 2002, 971).

Tatsächlich ging der Anteil derjenigen, die sich in Führungspositionen der DDR befanden und einen Arbeiter*innenfamilienhintergrund im nicht vom Parteiapparat definierten Sinne aufwiesen, sukzessive zurück:

»Hieß es noch 1948: ›Bevorzugung als Arbeiter- und Bauernkind genießt derjenige, dessen Eltern bereits vor 1945 Betriebs- und Facharbeiter waren‹, so erhielt die Definition hinsichtlich der sozialen Einstufung 1954/55 eine Erweiterung: Als Arbeiter oder Landarbeiter galten nun Personen, die bis 1945 Arbeiter waren und nach 1945 in Funktionen der Partei der Arbeiterklasse, der staatlichen Verwaltung, den Massenorganisationen oder der volkseigenen Wirtschaft berufen wurden oder deren Kinder, Studierende oder Absolventen der Arbeiter- und Bauernfakultäten.«

Als zusätzliches Kriterium wurde 1981 formuliert:

»Hervorragende Leistungen von Eltern beim Aufbau des Sozialismus sind bei der Entscheidungsfindung zu beachten. ... Nach der Neuordnung der Hochschulen betrug der durchschnittliche Arbeiteranteil mehr als 50%, der der Intelligenz ca. ein Drittel. Genauer betrachtet, haben von den der Gruppe ›Arbeiter‹ zugeordneten Studenten 62% der Väter und 29% der Mütter eine Hochschul- und Fachschulbildung. Die Autoren weisen daraufhin, daß nur 26% von den in ihrer Population der Gruppe der ›Arbeiter‹ und 47% jener, die der Gruppe ›Produktionsarbeiter‹ zugerechnet wurden, tatsächlich aus Familien kommen, in denen beide Eltern höchstens

Facharbeiterqualifikation erworben haben. Diese erheblichen Diskrepanzen resultieren daraus, daß Staatsfunktionäre, Angehörige der bewaffneten Organe u.a. unabhängig von ihrem Bildungsabschluß, der Arbeiterklasse zugezählt wurden« (Hildebrandt/Stein 1992, 154).

Es hatte sich eine neue Klasse herausgebildet, die sich nun auch selbst rekrutierte:

»Zugleich bildeten die Aufgestiegenen relativ schnell eigene sozialkulturelle Milieus mit eigenen kommunikativen Netzen, Sprachen, Wertvorstellungen. Obwohl das Bildungsprogramm bürgerlich orientiert war und wiewohl es etliche Anlässe gab, Verhaltensweisen bürgerlicher Funktionsträger zu adaptieren, blieben sie in vielen Äußerlichkeiten, in der Denkweise und den Wertvorstellungen den Herkunftsmilieus verbunden. Vor allem, weil sie sich als Aufsteiger nicht an ein bereits kulturell ausgeformtes Milieu anpassen mussten, sondern dort mehrheitlich ihresgleichen vorfanden. Nur die Interessenlage war bei diesen professionellen Vertretern der Arbeiterinteressen – als die sie sich weiterhin verstanden – nun deutlich anders als im Herkunftsmilieu. Dieses Milieu der gehobenen Funktionärsschicht stabilisierte sich auch kulturell. Eine Analyse der Wertvorstellungen, Denkweisen, Vorurteile usw. dieser hegemonialen »Teilkultur« steht noch aus« (Mühlberg 2002, 971).

Die Positionierung der Führungseliten zur Arbeiter*innenkultur bewegte sich auf dem Grat, einerseits die Idee eines »Arbeiter- und Bauernstaates« zu realisieren und zum anderen die Absolutheitsideologie, die damit verbunden war, durchzusetzen. So gab es zwar eine breite Förderung betrieblichen kulturellen Lebens von Arbeiter*innen und Programme zur Förderung von Arbeiter*innen (z.B. die Initiative Schreibende Arbeiter u.v.a.), wo diese jedoch als staatsfeindlich in ihren Inhalten ausgemacht wurden, wurden den Arbeiter*innen, ebenso wie den Intellektuellen mit ähnlichen Ambitionen, Grenzen bis hin zu Kriminalisierung und Verfolgung gesetzt. Die Formen von Alternativkultur und spontanen Bewegungen, die sich im Rahmen von betrieblichen Freizeitinitiativen oder darüber hinaus in der DDR herausgebildet haben, bedürfen noch einer detaillierten Erforschung.

3.7. Cultural Studies und Antiklassismus in Großbritannien

Unmittelbarer Vorläufer und Impulsgeber der Cultural Studies war das Buch von Edward Palmer Thompson: »The Making of the British Working-Class«. Mit diesem Buch begründet er eine Form der Working-Class-Geschichtsschreibung, die an den Erfahrungswelten von Arbeiter*innen ansetzt. Somit wird eine Geschichte von unten geschrieben. Thompson erfindet dabei auch den Klassenbegriff neu und folgt nicht den herrschenden marxistischen oder anderen Klassenbegriffen. Die Definition von Klasse bestimmt sich von den Lebensweisen und dem aktiven Handeln der Menschen her (Thompson 1987). Dieses Verständnis hat die weitere Forschung in Großbritannien beeinflusst. So entstand 1970 die von Goldthorpe durchgeführte Studie über britische Arbeiter auf der Grundlage von 229 Interviews. Die Arbeiter wurden über ihre Lebensverhältnisse befragt, nur ein kleiner Teil des gesammelten Materials wurde aber ausgewertet und publiziert. Mike Savage zeigt, dass dieses Material und auch die Interpretationen einer Relektüre unterzogen werden müssen, in der auch die Vorurteile und Herangehensweisen der Forscher*innen von damals reflektiert werden (Savage 2005).

Auf dem Hintergrund der Pionierarbeiten von Thompson und Goldthorpe wird ein »cultural turn« in der Forschung der Arbeiter*innenklasse eingeleitet. Es wird nicht mehr nur von »class« gesprochen, sondern von »social class« (Marshall 1988), um die komplexen, über das Ökonomi-

sche hinausweisenden Dimensionen auf einen Begriff zu bringen. Die Verbindung von Gender und Class schließt eine Lücke in der Working-Class-Forschung, die sich lange Zeit auf männliche Arbeiter konzentrierte. Die Arbeiten beispielsweise von Skeggs (2004; 2005) untersuchen die Identitäten von Working-Class-Frauen und die Folgen von Diskriminierung und Stigmatisierung. Es entstehen gleichzeitig von Birmingham ausgehend die Cultural Studies mit den Arbeiten von Stuart Hall (2004) u.a. Der theoretische Ansatz der Cultural Studies verbindet Ökonomie, Kultur, Ideologie und Kritik an Machtverhältnissen. Er legt sich nicht auf einen theoretischen Bezugspunkt fest, sondern entwickelt und integriert verschiedene Richtungen: marxistische Theorien, Frankfurter Schule, postmoderne Ansätze. Das politische Augenmerk wird dabei auf das kritische Potential und die Widerstandskompetenzen von sogenannten Subkulturen gerichtet.
Mit der Forschungsrichtung der Cultural Studies entsteht in Großbritannien und später in den USA sowie anderen Ländern ein neuer Forschungsansatz, der mit der Formulierung von Klassismus eng verbunden ist. Paul Willis (1982) untersucht in den 1970er-Jahren eine Gruppe von Jungen der Arbeiter*innenklasse und wählt dabei den neuen Ansatz einer strukturellen Einbettung von aus Gruppengesprächen und Einzelgesprächen gewonnenen Aussagen. Die ethnografische Herangehensweise besteht darin, die Aussagen der Jugendlichen in einem komplexen System von Hierarchien und Machtverhältnissen zu situieren. Willis untersucht die Jugendlichen vor dem Eintritt ins Arbeitsleben im System Schule und Berufsvorbereitung. Er identifiziert dabei eine Gegen-/Subkultur der Jugendlichen, die es ihnen erlaubt, für sich sinnvolle Umgangsformen in einem System zu finden, das sinnlose Anforderungen und fiktionale Ideen von Marktmöglichkeiten produziert. Gegen diese Formen wird der Widerstand der Jugendlichen als sinnvolle und

rationale Handlungsweise verstanden. Zugleich befinden sich die Jugendlichen im System und agieren selbst als Personen, die andere diskriminieren und unterdrücken: Sexismus gegen Frauen und Rassismus gegenüber als ethnisch definierten Minderheiten gehören ebenso zu ihrer Kultur wie die Auseinandersetzung mit der selbst erfahrenen klassistischen Diskriminierung. Ähnlich wie Dieter Kramer den Kulturbegriff mit Wertesystemen in Zusammenhang bringt, beruht auch der Kulturbegriff der Cultural Studies auf einem Verständnis von Kultur als Sinnproduktion oder Sinnsuche in Wertesystemen, mit deren Hilfe es möglich ist, sich in der Gesellschaft zu bewegen, sich mit den Anforderungen in strukturell geformten Machtverhältnissen auseinander zu setzen.

»Dennoch ist zu bezweifeln, daß Werte und Gefühle der Arbeiterklasse ... gegen die Schule arbeiten und konkretes Material zur Differenzierung liefern. Spanskys Vater zum Beispiel äußerst ein tiefes, für die Arbeiterklasse typisches Mißtrauen gegen Institutionen und ihre Arbeitsweisen. Schließlich ist er auch nicht bereit, die Autorität des Lehrers zu legitimieren. Er hält sie im Grunde für künstlich, auch wenn er sie fürchtet, da sie ihn zum Beispiel seine eigene Schwäche des verbalen Ausdrucks fühlen macht« (Willis 1982, 119).

Willis beschreibt das Schulsystem als ein komplexes System, in dem Lehrer diskriminierend agieren und die Schüler*innen systematisch herabsetzen, ihnen drohen und sie unter Druck setzen. Gleichzeitig aber sind die Lehrer*innen auch beeindruckt von den Schüler*innen und spüren deren machtvolles Verhalten. Die Arbeiterjugendlichen durchschauen das System, sie erkennen, dass sie ohnehin nur die Aussicht haben, einen schlecht bezahlten Job zu bekommen und in ihrer Klasse zu verbleiben. Sie erkennen, dass die Suggestionen von Wohlstand und Erfolg auf sie sehr wahrscheinlich nicht zutreffen werden. Deswegen erscheint es ihnen auch weniger ein Problem, sich dem System und der Schule zu entziehen. Der Widerstand hat eine identitätsbildende Funktion (vgl. ebd.: 197f.): »Es gibt also objektive Gründe, sich zu fragen, ob es vernünftig ist, das Selbst und seine Energien in Qualifikationen zu investieren, wenn sowohl ihre Effizienz wie ihr Objekt stark zu bezweifeln sind. Die Gegen-Schulkultur stellt ihren Mitgliedern diese Frage – zumindest auf kultureller Ebene; die Schule tut es nicht« (ebd.: 199). »Für die Klasse als Klasse misst der akademische und berufliche Gradient nicht Fähigkeiten, sondern einfach ihre eigene unverrückbare Repression. Die Arbeiterklasse ist die untere Hälfte dieses Gradienten, ganz egal wie ihre Atome sich bewegen. Die Weisheit, sich als einzelner die Leiter hinaufzubewegen, wird ersetzt durch die Dummheit der Bewegung als Mitglied einer Klasse. Indem die Gegen-Schulkultur die Widersprüche im Innern der Arbeiterklassenschule durchdringt, hilft sie mit, ihre Mitglieder von der Last des Konformismus und der konventionellen Leistung zu befreien. Sie gestattet ihnen Kapazitäten und Potenzen, anderswo Wurzeln zu schlagen« (ebd.: 202). Es wird auch hier deutlich, dass die Funktion von selbstorganisierten und autodidaktischen Lernprozessen wichtig ist und zu anderen Sichtweisen auf die Welt führen kann (Rose 2001). Jonathan Rose hat ein umfassendes Werk vorgelegt, in dem er der Geschichte des Lesens und Konsumierens von Literatur in der britischen Arbeiterklasse Ende des 19. und in der ersten Hälfte des 20. Jahrhunderts nachgeht. Er belegt die große Bandbreite von klassischer Literatur, Avantgardeliteratur, bis zur Trivialliteratur, die für britische Arbeiter*innen in Bildungs- und Selbstbildungsprozessen eine Rolle gespielt haben. Im Kontext der Cultural Studies ist eine neue Denkrichtung begründet worden, die an alte Arbeiter*innenkulturtraditionen positiv anknüpft und wiederholt die Frage stellt, wie die Mehrheitskultur durch Einbeziehung anderer kultureller Traditionen und Ideen verändert werden kann.

3.8. Frauenbewegung und Klasse in der BRD

Der Beginn der neueren Frauenbewegung in der Bundesrepublik Deutschland wird oftmals mit dem berühmten Tomatenwurf auf einen SDSler in der Zeit der Außerparlamentarischen Opposition gleichgesetzt. Parallel zu dieser Aktion brachte der »Aktionsrat zur Befreiung der Frauen« eine elf Punkte umfassende Erklärung heraus, die im Folgenden inhaltlich wiedergegeben wird, weil sie viele Dinge anspricht, die auch für das Verständnis von Klassismus wichtig erscheinen:

Zunächst definierte der Aktionsrat das Verhältnis von Männern und Frauen als Klassenverhältnis mit dem Mann als Ausbeuter der Familie. Diese Hilfskonstruktion sollte den Frauen dazu dienen, sich auf den Begriff zu bringen, was zweierlei hieß: ein gewisses Maß an geschlechtsspezifischer Solidarität zu erreichen und die »sinnliche Erfahrung« der patriarchalischen Gesellschaft im Kampf gegen diese zu wenden. Hier war die Aufhebung der bürgerlichen Trennung von Privatleben und gesellschaftlichem Leben gefordert: Die Unterdrückung sei nicht als privates Problem, sondern als politisch-ökonomischer Mechanismus zu begreifen. Das Privatleben müsse qualitativ verändert werden und dies sei als politische Aktion und kulturrevolutionärer Akt, als Teil des Klassenkampfes zu verstehen. Daraus ergebe sich, dass die Revolution weniger eine Frage der Machtübernahme sei als vielmehr die Verwirklichung dessen, was sich in der schlechten Gesellschaft antizipatorisch als Gegengesellschaft abzeichne. Der Anspruch auf Glück müsse in gesellschaftlicher Aktion eingelöst werden.

Alle Frauen im SDS sollten versuchen, diese Thesen in verbindlicher Form einzulösen, da nur die Frau interessiert genug sei und die Gewähr biete, dass sich im Verband SDS etwas ändere und das autoritär-patriarchalische Vernunftprinzip durchbrochen werde. Hier sei eine vorübergehende Selbstisolation nötig, um eigene Bedürfnisse formulieren zu können. Sie drohten damit, dass gegen unkritische und auf Verdrängung beruhende Widerstände Kampfmaßnahmen eingeleitet werden würden und die Methoden würden sie sich dabei nicht vorschreiben lassen.

Spannend an diesen Formulierungen ist, dass hier über Sexismus geschrieben wurde, obwohl der Begriff im bundesdeutschen Kontext noch nicht zur Verfügung stand, sondern erst zeitgleich in den Vereinigten Staaten entwickelt wurde. Es wird ein Politikverständnis erarbeitet, welches sich von den Vorstellungen des althergebrachten Klassenkampfes abgrenzt. Während allerdings in den USA zur selben Zeit dieses Politikverständnis auch auf das Klassenverhältnis selber angewandt wurde (welches die Furies dann mit »Klassismus« bezeichneten), kam es in der BRD zu einer Spaltung der Linken, in der sich kommunistische Gruppen mit einem traditionellen Klassenkampfkonzept den »Spontis« gegenüber sahen, in deren Reihen die »autonomen Frauen-«, die »profeministischen Männergruppen« und die »Schwulen- und Lesbengruppen« entstanden. Das neue Politikverständnis wurde daher nicht auf das Klassenverhältnis übertragen, welches als Domäne der traditionellen kommunistischen, sozialdemokratischen und gewerkschaftlichen Organisationen galt. Diese Übertragung geschah erst später über Umwege.

Die Herstellung einer Analogie zwischen den kapitalistischen und den patriarchalischen Ausbeutungsverhältnissen schuf jene Hilfskonstruktion, mit der Frauen sich als eine Einheit zwecks Herstellung von Frauensolidarität begreifen sollten. Die neuere Frauenbewegung in der Bundesrepublik Deutschland hat ihre ersten nachhaltigen Desillusionierungen dieses Denkansatzes durch die Kritik von Lesben, Jüdinnen (Czollek 1998), afrodeutschen Frauen (Hügel 1993), Migrantinnen und Gewerkschafterinnen erfahren. Diese konfrontierten die frauenpolitisch engagierten Frauen mit deren eigenen Ausgrenzungsmechanismen innerhalb der Frauenbewegungen: Rassismus, Antisemitismus und Heterosexismuskritik haben zu nachhaltigen Paradigmenwechseln und neuen Sichtweisen in den Frauenbewegungen geführt (Perko 2006). Ein Indiz hierfür ist die Verschiebung des Fokus, der mit einer Veränderung der verwendeten Begrifflichkeiten einherging. Der Begriff »Frau« wurde zunächst durch den Begriff »Geschlechterverhältnisse« und später durch »Gender« und »Queer« ersetzt. Damit wurde ein breites Feldes zur selbstreflexiven Diskussion über Machtverhältnisse und alternative Pluralitätsvorstellungen geöffnet (vgl. Perko 2006; Czollek/Perko 2005). Die Bezeichnung »Weiße deutsche Mittelschichtbewegung« war und ist auch eine Kritik an der Klassenhierarchie der Frauenbewegung, ohne dass das Thema Klassismus in der Folge aufgegriffen und breiter diskutiert worden wäre. Die Bezeichnung »Mittelschichtbewegung« erscheint im Fokus einer Klassismusanalyse ebenso problematisch wie die Zuschreibung »Intellektuellenbewegung« für die 1968er Bewegung. Für beide Beispiele gilt, dass die Geschichtsschreibung und viele mediale und öffentliche Diskurse diesen Eindruck herstellen. Dabei wird im Diskurs der 1968er Bewegung die breite Lehrlingsbewegung dieser Zeit unterschlagen und bei der Betrachtung der Frauenbewegungen die Bewegung von Arbeiter*innen und gewerkschaftlich engagierten Frauen und auch Männern. Die Schreibung dieser Geschichte mit einem anderen Klassenblick steht erst am Anfang (vgl. Gehrke/Horn 2007), obwohl es in den 1970er- und 1980er-Jahren innerhalb der Frauenbewegungen heftige Debatten zwischen sich als autonom und sich als gewerkschaftlich orientiert verstehenden Frauenbewegungen gegeben hat. Während autonome Frauen gewerkschaftlich orientierten vorwarfen, sie ließen sich gewissermaßen als »politischer Nebenwiderspruch« abhandeln, kritisierten gewerkschaftlich orientierte Frauen an autonomen Frauen, dass sie die Lage von Arbeiter*innen und die materiellen Voraussetzungen von Emanzipation zu wenig beachteten. Frauen mit einem gewerkschaftlich orientierten Verständnis arbeiteten daran, Arbeiterinnengeschichte sichtbar zu machen und bislang unveröffentlichte Dokumente herauszubringen (Hervé 1991). Damit wurde die klassenspezifische Diskriminierung von Arbeiterinnen auch in der Überschneidung mit Sexismus sichtbar gemacht und in den Gewerkschaften, Parteien und anderen Institutionen problematisiert.

Anja Meulenbelts »Scheidelinien. Über Sexismus, Rassismus und Klassismus«, in den 1980ern in Deutschland herausgegeben, fand nur geringe Beachtung. Mit dem Titel wurde zudem ein Teil des Inhalts ausgeblendet, im Buch geht es nämlich zudem um die Verknüpfung mit Antisemitismus, ein in der deutschen Frauenbewegung sowie generell in Deutschland häufig verdrängtes Thema. Sein Verschweigen im Titel der deutschen Ausgabe macht deutlich, wie schwer sich die westdeutsche Frauenbewegung mit der Auflösung des von ihr konstruierten »Wir« im Sinne von »Wir Frauen« getan hat. Diese Auflösung ist das Thema von Meulenbelts Buch, die auf dem Hintergrund von Biografiearbeit die Unterschiedlichkeit von Frauen aufgrund ihrer kulturellen Hintergründe, ihrer Klassenherkünfte und ihrer Hautfarbe thematisiert. Sie kritisiert ausdrücklich die Konstruktion von Frauen als eigene Klasse und besteht auf Differenzierung: »Der Feminismus der achtziger Jahre wird durch die Einsicht gekennzeichnet, welche Unterschiede zwischen Frauen herrschen« (Meulenbelt 1988, 16). In den Vordergrund treten stattdessen Identitätspolitiken, die in den 1980er-Jahren neue politische Sicht- und Handlungsweisen produzieren: »Mädchengruppen sagen wir Jüngeren, um uns von euch Älteren abzugrenzen. VIDO-Frauen (Frauen in den Wechseljahren) sagen wir Älteren, um uns von euch Jüngeren abzugrenzen. Schwarze Frauen haben sich organisiert und sagen wir Schwarze im Gegensatz zu euch Weißen. Jüdische Frauen haben eigene Gruppen gegründet, ebenso wie türkische, marokkanische Frauen und lesbische Frauen. Frauen aus der Arbeiterklasse stellen fest, daß sie in der Frauenbewegung unterrepräsentiert sind, organisieren eigene Selbsthilfegruppen, genau wie Frauen aus anderen gesellschaftlichen Schichten. Das frühere ›Wir‹ ist nicht länger unproblematisch, und es wird deutlich, daß es von Anfang nicht so einfach war, das ›Wir‹ von uns Frauen« (Meulenbelt 1988, 16). Meulenbelt entwirft in ihrem Buch ansatzweise eine Theorie der Intersektionalität. Sie thematisiert Gemeinsamkeiten und Differenzen von unterschiedlichen Ausgrenzungs- und Unterdrückungsmechanismen. Meulenbelts Buch ist im deutschsprachigen Raum das erste Werk, welches den Begriff »Klassismus« verwendet. Bis zu diesem Zeitpunkt war das Thema Klasse und Geschlecht vorrangig in der Forschung und Reflexion von Arbeit, Arbeitsmarkt, Sozialpolitik, Armut verhandelt worden (vgl. Beer 1989). Meulenbelts Anliegen ging darüber hinaus: »Über den ›alltäglichen Klassismus‹ ist wenig geschrieben worden, ebenso wenig über die normalen, alltäglichen Klassenerfahrungen« (Meulenbelt 1988, 64). Meulenbelt hat Frauen unterschiedlicher sozialer und anderer Herkünfte zusammengebracht, damit sie durch ihre Unterschiede voneinander lernen. In diesen Dialogen und wechselseitigen Erzählprozessen werden in allen Klassen Leidensstrukturen und Ressourcen der Frauen deutlich. Grundlage der Entstehung dieser Publikation und der einmaligen Theoretisierung des Begriffs »Klassismus« Mitte der 1980er-Jahre war neben der theoretischen Arbeit ein Ensemble praktischer Erfahrungen: Anja Meulenbelt führte hier ihre Beziehung zu einem Mann an, der eine »niedrige soziale Herkunft«

1 Man spricht in den Niederlanden von den sogenannten »allochtonen« im Gegensatz zu den »autochthonen« Niederländer*innen, also denen, die niederländische Vorfahren haben.

hatte. Sie thematisierte auch ihre Erfahrungen als Ausbilderin, die sie in Gesprächen mit Niederländerinnen aus den ehemaligen Kolonialgebieten[1] sammelte. Auch hier erweiterte sich ihr Bewusstsein, welches schon durch die theoriebezogene Auseinandersetzung mit der Mehrfachunterdrückungsthese geschult war. Und sehr wahrscheinlich ist ihre Empathie für »klassistische Erlebnisse« auch auf ein therapeutisches Konzept zurückzuführen, welches sie seinerzeit enthusiastisch praktizierte und propagierte: das Co-Counseling (vgl. KAP IV).
Erst mit den aus England und den USA beeinflussten Studien zu Gender und Class und dem Ansatz der Intersektionalitätsforschung wird die Beschäftigung mit Klassenzugehörigkeiten zu einer vielschichtigen Analyse. Zunehmend werden in der Bundesrepublik die Verknüpfungen und wechselseitigen Verstärkungselemente unterschiedlicher Diskriminierungsstrukturen beschrieben (Rommelspacher 2005; Winkler/Degele 2009; Czollek/Perko/Weinbach 2009). Die Analysen von Maria do Mar Castro Varela zeigen, wie sich bei Frauen Migrationshintergrund und Klassenverhältnisse dort verknüpfen, wo Migrant*innen als Flüchtlinge, als Illegalisierte, als Zeitarbeitskräfte »härteste und schmutzigste Arbeit« in einem System verrichten müssen, in dem sie aufgrund ihres Geschlechts und ihrer Herkunft Diskriminierungen wie Stigmatisierung, Ausgrenzung und Unsichtbarmachung unter anderem auf juristischer Ebene ausgesetzt sind (Castro Varela 2003, 13f.). Einige aktuelle Analysen setzen sich mit der Diskriminierung von Migrant*innen in privaten Haushalten als weltweitem Phänomen auseinander und zeigen auf, wie die Konstruktion der Hausarbeiterin als »Andere« über klassistische und rassistische Zuschreibungen funktioniert (Anderson 2006). Mit der Thematisierung von »class« als einem zentralen Ausgrenzungsmerkmal in Zusammenhang mit Gender wird, wie auch Meulenbelts Ansatz zeigt, zugleich der Anspruch eigener Theoriebildung auf der Grundlage ethnografi-

scher und biografischer Forschung erhoben (Mahony u.a. 1997). Es handelt sich also auch um eine Praxis des Widerstands gegen die erfahrene Ausgrenzung in Theoriebildung und Wissenschaft.
Die Auseinandersetzung mit Klassismus im von uns hier verstandenen Sinne steht aber in der Bundesrepublik noch am Anfang. Einige wichtige Beiträge haben die Reflexionen von Arbeiter*innentöchtern an Hochschulen geleistet. Beeinflusst durch die verschiedenen Richtungen der Frauenbewegung begannen Arbeiter*innentöchter an den Hochschulen ihre Situation zu reflektieren. Eine beachtliche Anzahl von Studien ist zu diesem Thema erschienen, während es über Arbeiter*innensöhne an Hochschulen vergleichbare Entwicklungen nicht gibt. Dies ist auch ein Zeichen dafür, dass zwar Sexismus aufgrund sogenannter weiblicher Geschlechtszugehörigkeit im Fokus stand, aber Klassismus als eigenständige Diskriminierungsform nicht thematisiert wurde. Die Studien über Arbeiter*innentöchter sind eine wichtige Quelle, weil es sich dabei um Dokumente handelt, in denen viele Ebenen von Klassismus beschrieben und thematisiert werden. Spiegel dessen, dass in der Thematik »Arbeiter*innentöchter« an Hochschulen Klassismus thematisiert wird (obschon der Begriff Klassismus selber nicht zur Verfügung stand), sind bereits die Titel, die in der Regel einen Bezug zur akademischen Mehrheitsgesellschaft herstellen und als Problem oder Auseinandersetzungsfeld für Arbeiter*innentöchter andeuten: »Zwischen Integration und Heimatlosigkeit« (Rohleder 1997), »Arbeitertöchter beißen sich durch« (Brendel 1998), »Arbeitertöchter und ihr sozialer Aufstieg« (Schlüter 1992), »Vielleicht wär ich als Verkäuferin glücklicher geworden« (Theling 1986), »Ich gehörte irgendwie so nirgends hin« (Bublitz 1980). Die Inhalte dieser Studien zeigen auf der einen Seite die Einpassungs- und Anpassungsschwierigkeiten von Arbeiter*innentöchtern in den Hochschulen aufgrund ihrer

klassenspezifisch geformten individuellen Biografien, zugleich ihre sozialisationsgeprägten Ressourcen, aber auf der anderen Seite auch die strukturellen Diskriminierungsmechanismen der Institutionen:

*»Zum einen verbinden studierende Arbeiter*innentöchter bereits mit dem Besuch eines Gymnasiums diskriminierende Erfahrungen ... Und zum anderen verbinden sich mit dem Eintritt in die Hochschule nicht nur finanzielle Belastungen, sondern erneut die Erfahrung fehlender kultureller Ressourcen. Dabei erscheinen weniger die inhaltlichen Anforderungen, als vielmehr die Art und Weise der Wissensvermittlung und der ›Wissensaufbereitung‹ sowie die herrschenden sozialen Umgangsformen als kulturelle Barrieren. Verschiedene Veröffentlichungen weisen daraufhin, daß Arbeiter*innentöchter Sprache an der Universität als zentrales Ausschlußmedium erleben« (Rohleder 1997, 37).*

An diesen Studien lässt sich ablesen, wie tief Klassensozialisationen in die Individuen hineinwirken, auch dann noch, wenn sie sich bereits auf dem Weg in eine andere Klassenzugehörigkeit befinden oder dort schon angekommen sind. Der Grund dafür ist aber nicht vorrangig in den Biografien der Personen zu suchen, sondern in einem Gesellschaftssystem, in dem Klassismus täglich neu hergestellt und gefestigt wird. Die Schriften zu Arbeiter*innentöchtern an Hochschulen in Deutschland machen zugleich transparent, was auch Beschreibungen in den USA und Großbritannien gezeigt haben. Wo sich Menschen mit Marginalisierungserfahrungen zusammenschließen und die dahinter stehenden Strukturen erkennen, zeigen sich bedeutende Widerstands- und Veränderungspotentiale (Mahony u.a. 1997).

4. Klassismus im Kontext von Psychologie und Psychotherapie

Dem Zusammenhang von Psychologie, Klassenverhältnissen und Klassismus geben wir mit einem eigenen Kapitel Raum. Psychologie und Psychotherapie sind Felder für Klassismusanalysen, weil sich hier spezifische Polarisierungen zwischen sogenannten bürgerlichen Wertvorstellungen und Arbeiter*innen-, Arbeitslosen- und Armenrealitäten aufzeigen lassen. Arbeiter*innen, arbeitslose und arme Menschen werden, insofern sie überhaupt mit Psychotherapie (und nicht ausschließlich mit Sozialer Arbeit) in Berührung kommen, oft nicht als Subjekte wahrgenommen, sondern vielmehr als Objekte der Psychologie betrachtet. Zu den Errungenschaften bürgerlicher Psychologien gehört, dass sie das Individuum und sein jeweils unverwechselbares einzigartiges psychisches Erleben ins Zentrum gesetzt haben. Trotz dieser Erkenntnis werden Arbeiter*innen, arbeitslose und arme Menschen noch oft als Masse von Menschen betrachtet, denen ähnliche Eigenschaften zugeschrieben werden. Findet das proletarische Individuum Eingang in die Psychologie, dann häufig als Objekt der Pathologisierung, beschrieben in klassistischen Stereotypen. Diese Zuschreibungspraxen, aber auch die alternativen, antiklassistischen Projekte sollen im Folgenden dargestellt werden. Ein Blick in die Anfänge der Psychotherapie zeigt zunächst einige wenige Versuche, »proletarische Lebenszusammenhänge« ressourcenorientiert zu erfassen.

4.1. Klasse und die Anfänge der Psychologie in Deutschland

Bereits zu Beginn des 20. Jahrhunderts gab es mehrfach Versuche, die Psychoanalyse um Klassentheorien und die Analyse von Herrschaftsverhältnissen zu erweitern.

Dies führte in der Regel zum Bruch und zum Ausschluss aus den Institutionen der Mainstream-Psychoanalyse. Zu nennen wären hier Wilhelm Reich und Alfred Adler, bzw. in Anlehnung an Adler Otto Rühle. Auch in den Vereinigten Staaten entstand in den frühen 1960er-Jahren eine klassenkritische Therapie, die jedoch von Adler, Rühle und Reich unbeeinflusst blieb.

Otto Rühles »Psychologie des proletarischen Kindes« aus den 1920er-Jahren verstand sich selbst als ein Forschungsentwurf für eine soziologisch orientierte Psychologie, die die »Errungenschaften der modernsten Psychologie« für die Ziele und Zwecke des Proletariats einsetze. Ihm ging es um eine Synthese der Theorien Alfred Adlers und Karl Marx'.

Knapp fünfzig Jahre vor Bourdieu hat Rühle hier eine klassenspezifische Habitustheorie entwickelt, die auf Alfred Adlers Theorien des »tendenziösen Gedächtnisses«, der »Minderwertigkeitstheorie« und der »proletarischen Protestmännlichkeit« beruhte. In seiner genauen Beobachtung stellte er verschiedene Differenzlinien – bürgerlich/proletarisch, männlich/weiblich und erwachsen/kindlich – fest, die miteinander verwoben seien. Innerhalb der Klassengesellschaft komme der kleinbürgerlichen Familie mit dem Vater als dominanter Autorität eine besondere Verantwortung für die Unterdrückung proletarischer Kinder zu. Noch stärker aber würde die Schule bzw. das klassenspezifische Bildungssystem mit dem autoritären Lehrer an der Spitze proletarische Kinder unterdrücken. Körperliche Misshandlungen seien gegenüber Arbeiter*innenkindern sehr viel häufiger angewandt worden als gegenüber Bürger*innenkindern.

Rühle sah als Lösung einen doppelten Separatismus: die Selbstorganisation von Arbeiter*innenkindern in anarchistischen Jugendgruppen. Der Separatismus richtete sich sowohl gegen die Bürgerlichen, da bürgerliche Jugendbewegungen wie die »Wandervogelbewegung« einer materialistischen Gesellschaftskritik nicht zugänglich seien, als

auch gegen die Bevormundung durch Erwachsene.
Eine Parallele zu Rühles Kritik am Klassensystem bildete Wilhelm Reichs in den 1930er-Jahre entwickelte »Sexualökonomie«, die er der Politischen Ökonomie vorordnete. Die Klassenmoral bleibe zum Teil widerspruchsvoll neben der Sexualmoral bestehen, teilweise schließe sie mit ihr aber auch Kompromisse (Reich 1971, 48). Während sich in der Familie des Kleinbürgertums die Sexualunterdrückung mehr oder minder vollständig durchsetze, gerate sie im Industriearbeitermilieu in Widersprüche mit der notwendigerweise geringeren Beaufsichtigung der Kinder (ebd. 91).
Nach der Oktoberrevolution gestalteten die Kommunist*innen in der Sowjetunion für kurze Zeit eine neue Familienpolitik: Homosexualität und Abtreibung wurden entkriminalisiert und ebenso die Scheidung. Wilhelm Reich entwickelte seine klassenorientierte Psychologie jedoch erst zu dem Zeitpunkt, als Stalin in der Sowjetunion wieder die repressive bürgerliche Familienpolitik einsetzte. Reichs Schlüsselerlebnis war seine Beteiligung am Februar-Aufstand gegen die Etablierung des österreichischen Ständestaates. Er gründete in der Folge in Österreich sechs sexualpolitische Beratungsstellen für Proletarier*innen, in denen praktische Aufklärung betrieben wurde. Nachdem die Stalinist*innen die Beratungsstellen schließen ließen, ging er nach Berlin und gründete dort den Deutschen Reichsverband für Proletarische Sexualpolitik, kurz SexPol. Sowohl in der sowjetischen als auch in der psychoanalytischen Führung wurden seine Ansätze abgelehnt. Erst im Rahmen der Außerparlamentarischen Opposition in den 1960ern kam es zu einer Wiederbelebung des SexPol Westberlin, allerdings flammte dieser Ansatz nur kurz auf und blieb ein Einzelfall. In den USA wurden zu dieser Zeit andere alternative Projekte entwickelt.

4.2. Klassismus und Psychotherapie in den USA

In den Vereinigten Staaten entwickelte sich keine entsprechende proletarische Psychologie, doch dort entstand Ende der 1950er-Jahre eine Selbsthilfetherapieform, die konkret für die Arbeiter*innenklasse konzipiert worden ist.

4.2.1 Antiklassismus historisch: Working-Class-Therapie: Co-Counseling

1965 gründeten Mary McCabe und der aktive Gewerkschafter und Kommunist Harvey Jackins das »Re-evaluations Counseling« (RC). Das RC basiert auf dem »Herauslassen der Gefühle« und ist zu einer Therapie ohne Therapeuten entwickelt worden. Im Laufe der 1960er und 1970er-Jahre verbreiteten sich »Counsel-Initiativen« in den USA, Anfang der 1970er-Jahre wurden sie auch in Europa eingeführt (Schütz 2000,7f.). Vor allem auch in Großbritannien gab es zu diesem Zeitpunkt diverse Ansätze, Politik und Therapie zusammenzubringen (z.B. in der »Radical Therapy Group« in London). In diesem Kontext wurden die Counsel-Initiativen als politisch und sozial engagiert wahrgenommen.
Die Theorie des RC geht davon aus, dass es diverse Unterdrückungsformen gibt. Unterdrückung beruhe darauf, dass jemand als Kind in einer Weise verletzt wurde, dass er oder sie »distress patterns« (Muster der Verzweiflung) entwickelt. Diese Muster können restimuliert werden, was die unterdrückte Person dazu zwinge, sich so zu verhalten, wie sie es als Kind tat. Eine zweite Folge der Restimulierung könne sein, dass das Opfer selber zum Unterdrücker/zur Unterdrückerin werde: so könne der erwachsene Mann nun Frauen, ein erwachsener Weißer nun Schwarze unterdrücken. Unterdrükkung könne über diese »distress patterns« stattfinden, da sich sonst niemand Unterdrückung gefallen lassen würde. Auch sei der Unterdrücker/die Unterdrückerin zuvor selbst repressiv behandelt worden und dann in die Rolle

des Unterdrückers/der Unterdrückerin hineinsozialisiert worden. Dahinter stehen die Institutionen, Schule, Justiz, Polizei, Armee, u.ä., in ihnen und durch sie werden Autoritäts- und Unterdrückungsstrukturen legitimiert. RC setzt sich dementsprechend nicht nur für die individuelle Heilung ein, sondern versucht auch, die Gesellschaft von Unterdrückungsverhältnissen zu befreien. Es existieren »Liberation Groups« für die verschiedenen Formen von Unterdrückung und zwar nicht nur für die Unterdrückten, sondern auch für die unterdrückenden Gruppen. Da eine unterdrückerische Gesellschaft auf Unterdrückung und Ausbeutung basiere, seien Reformen nutzlos. Die Gesellschaft müsse durch eine andere ersetzt werden (RC-Theory 2005).

Zurückgeführt wird Klassen-Identität im RC auf die Klassenzugehörigkeit der Eltern oder Erziehungsberechtigten zu dem Zeitpunkt, als das Kind heranwuchs. Unter Klassengesellschaft wird im RC die Struktur einer Gesellschaft verstanden, in der eine Gruppe von Menschen eine andere unterdrücke und ausbeute; in der Erstere – mit dem Argument, dass sie die Produktion effektiver organisieren könne – einen besseren Zugang zu den Ressourcen der Gesellschaft habe. Beim RC werden drei Klassen unterschieden:

· Working Class: Menschen, die mit ihren Händen arbeiten (auch »untere Klasse« oder »blue collar« genannt), geringste Einkommen haben und über das wenigste Vermögen verfügen.

· Middle Class: Menschen, die nicht mit ihren Händen arbeiten und / oder andere managen. Sie haben höhere Einkommen (werden auch oft »white collar« genannt).

· Owning Class: Menschen, die den Großteil der gesellschaftlichen Ressourcen, die Möglichkeit zu produzieren und Wohlstand besitzen.

Dementsprechend existieren in der RC-Therapie bezogen auf den Bereich Klassengesellschaft verschiedene »Liberation Groups« (Befreiungsgruppen): »Wor-

king Class«, »Raised Poor«, »Trade Unionists«, »Middle Class« und „Owning Class«. Für die Teilnehmer*innen der »Liberation Groups« gibt es entsprechend ihrer Herkunft unterschiedliche Therapieziele:
Für Menschen in »Raised Poor«-Gruppen sei es wichtig, das Augenmerk auf ihre Größe, nicht auf ihr »Zu-kurz-Kommen« zu richten. Gleichzeitig sei die Verknüpfung von Rassismus und Klassismus hier zu bedenken, da in den USA oftmals arme Weiße Menschen rassistisch seien. Ein weiterer Punkt sei, dass aufgrund ihrer Unterdrückung viele Menschen ihre Verbindung zu Fabrikarbeiter*innen verloren hätten. Es gelte, diese Verbindung wieder herzustellen. RC habe darüber hinaus die Aufgabe, die »Working Class«-Identität in eine »Befreiungsbewegung« umzuwandeln. Die Schwierigkeit bei den »Middle Class«-Gruppen bestehe darin, dass sich ihnen niemand zugehörig fühlen wolle. Menschen der Mittel-Klasse seien sehr erfinderisch im Suchen nach Gründen, weshalb sie eigentlich zur »Working Class«-Gruppe gehörten. Die Arbeit in den Middle-Class-Gruppen bestünde darin, ihnen ihr schlechtes Selbstbild zu nehmen und sie dazu zu bringen, ehrlicher und größer zu denken; sie zu ermutigen, darüber nachzudenken, wie ihr Leben aussehen könnte, wenn es nicht mehr nur um Komfort und Sicherheit organisiert wäre. Die Rolle der »Owning Class« im RC ist die eines Trojanischen Pferdes. Es wird davon ausgegangen, dass das Verhalten der »Owning Class« global gesehen noch nie so gefährlich gewesen sei wie heute. Ihre Aufgabe wird vom RC in der Unterstützung der Befreiung der Arbeiter*innenklasse gesehen. Wichtig hierfür seien reale Kontakte zu Menschen aus der »Working Class«.

4.2.2 Aktuelle Klassismus-Diskussionen in der US-amerikanischen Psychologie

Sogenannte »untere oder bildungsferne Schichten« werden im Diskurs der Psychoanalyse und anderer psychotherapeutischer Verfahren mit klassistischen Zuschreibungen belegt. So seien Menschen der »unteren Schichten«, die eigentlich aufgrund ihrer benachteiligten gesellschaftlichen Stellung sozialer und therapeutischer Hilfe bedürften (Heising u.a. 1982, 9), nicht nur therapeutisch unterversorgt, sondern zudem sei die Einstellung der Psychotherapeut*innen zum »Unterschichtpatienten« »ablehnend bis feindselig«. Patient*innen aus der Mittelschicht würden eindeutig bevorzugt (ebd., 19), so das Ergebnis einer Untersuchung aus den 1980er-Jahren:

»Viele Therapeuten zeigen sich verärgert darüber, dass die Unterschichtspatienten nicht in den Kategorien der Mittelschicht denken können; da sie dem Therapeuten keine Selbstbestätigung geben können, wird über sie geurteilt, sie seien langweilig und uninteressant; die Therapien sind für den Analytiker frustrierend, ja angststimulierend« (ebd.).

Der Therapeut sei meist froh, »wenn er Unterschichtspatienten irgendwie loswerden kann, versehen mit der Feststellung, für diese Patienten könne sowieso nichts getan werden« (ebd.,19f.).
Dies weist darauf hin, dass bis heute keine kritische klassenspezifische Sensibilisierung in der Therapeut*innen-Ausbildung zu erfolgt und psychotherapeutische Grundlagen meist »frei« von Klassentheorie sind. Ein klassismusbewusstes Denken und Ansätze zu neuen Ausbildungsformen haben sich in den USA durch eine intensive Auseinandersetzung mit dem Thema »Klassismus in der Psychotherapie« herausgebildet. Diese Diskussionen werden im Folgenden nachgezeichnet.

Classism ist innerhalb der US-amerikanischen Psychologie seit einigen Jahren als Problem anerkannt. So veröffentlichte die American Psychological Association am 6. August 2000 eine Resolution, in der zunächst eine schonungslose Bestandsaufnahme der Unterschiede zwischen den Lebensrealitäten von Armen und Reichen in den Vereinigten Staaten dargelegt wurde. Sodann wurde auf die besonderen Möglichkeiten und ethischen Verantwortlichkeiten von Psychologen und Psychologinnen verwiesen, um abschließend einen Katalog mit 17 Punkten vorzulegen, in denen sich die American Psychological Association verpflichtet, ihren Verantwortlichkeiten und Möglichkeiten bezüglich »social justice« zu entsprechen. Gleich im ersten Punkt des Kataloges wird auf die Bedeutung von »classism« eingegangen (APA 2000). Nicht ob, sondern wie klassistisch Psychologie sei, wird derzeit in renommierten Zeitschriften wie der »American Psychologist« diskutiert. Die Bedeutung dieses Begriffs zeigt sich ebenfalls in aktuellen Buchveröffentlichungen, die zumindest im Untertitel diese Unterdrückungsform explizit benennen.

Die Psychologin Bernice Lott von der University of Rhode Island betont in ihrem Artikel »Cognitive and Behavioral Distancing From the Poor« (Lott 2002) die Bedeutung der Distanzierung als Element des Klassismus. Unter Distanzierung versteht sie die Aspekte: Trennung, Ausschluss, Abwertung, Übersehen und Kennzeichnung als »Andere«. Diese Diskriminierung würde zusammen mit Vorurteilen und Stereotypen den Klassismus konstituieren (Lott 2002, 100). Die soziale Ungleichheit habe dramatisch zugenommen, was Bernice Lott bereits in vorausgehenden Untersuchungen darlegte. Sie erhoffte sich daher von der Resolution der APA einen ersten Schritt in die richtige Richtung. Skeptisch verwies sie allerdings auf länger zurückliegende Publikationen, die das Unsichtbarmachen derer, die nicht mindestens zur Mittelklasse gehörten, durch Psycholog*innen in Theorie und Praxis dokumentierten (ebd., 100f.). Dies gelte insbesondere auch, wenn die Psychologie ein besonderes Augenmerk auf Multikulturalismus und Diversity lege. So hätten drei aufeinander folgende Konferenzen der

APA zum Thema Multikulturalismus – trotz der Breite von »Race«, Ethnizität, Gender, sexuelle Orientierung und ›Behinderung‹ (Disability) – jedes Mal das Thema »soziale Klasse« ausgespart. Sie erklärt sich dieses Phänomen dadurch, dass Psycholog*innen durchaus eigene Erfahrungen mit Rassismus, Sexismus, Altersdiskriminierung, Heterosexismus und Behindertenfeindlichkeit gemacht hätten. Aber nur eine kleine Minderheit habe eine soziale Herkunft aus armen Familien/Arbeiter*innenfamilien, allerdings sei auch für diese Minderheit Armut eher Vergangenheit als Gegenwart.
Bernice Lott übernimmt von Moon und Rolison die Definition, dass Klassismus aus ungleichen »Klassenprivilegien (z.B. unverdienter Vorteil und verliehene Dominanz) und Macht« resultiere. Macht als Zugang zu Ressourcen, ermöglicht es einer sozialen Gruppe Regeln zu setzen, Diskurse zu bestimmen und die Definitionsmacht über diejenigen zu haben, die weniger Macht besitzen. »Arme Menschen mehr als Andere und weniger als seinesgleichen zu behandeln, ist zentral für das Konzept und die Praxis von Klassismus.« (ebd., 102).
Bernice Lott unterteilt Distanzierung in die Bereiche Kognitive Distanzierung, Institutionelle Distanzierung und Interpersonelle Distanzierung.
Die Kognitive Distanzierung nimmt vor allem die Form der Stereotypisierung (Lott 2002, 102) an. So würden den Armen schlechte Charakterzüge zugeschrieben, ihr Verhalten würde mit einer negativen Erwartungshaltung betrachtet, und es würde davon ausgegangen, dass sie selbst die Hauptverantwortung für ihre Armut trügen. Sie bezieht sich auf eine Untersuchung von Berrick aus dem Jahr 1995, nach der die Mittelklasse und die »Poverty-Class« in verschiedenen Geschäften einkaufen gehen, verschiedene Straßen benutzen, in verschiedenen Restaurants essen und die Kinder oft zu unterschiedlichen Schulen schicken. Dass die Medien kaum die Lebenssituation der Armen schildern, und wenn dann als Außen-

seiter mit schlechtem Charakter und schlechter Moral, verstärke die Tendenz, dass Menschen mit einer Mittelschichtherkunft zu Stereotypisierungen neigen. Lott listet eine Reihe von Studien auf, die belegen, dass diese Stereotypisierungen von Menschen aus der Mittelklasse gegenüber Menschen aus der »Poverty-Class« sehr aktuell sind. Stereotype, die immer wieder auftreten, seien: »[...] ungebildet, unmotiviert, faul, unhöflich, zornig, dumm, schmutzig, unmoralisch, kriminell, alkoholabhängig, ausfallend und gewalttätig.« (Lott 2002, 102f.). Lott bezieht sich auf verschiedene Studien, in denen die Unterschiede zwischen den Klassen in Bezug auf die Stereotype gegenüber Armen deutlich werden. Gruppen, die über finanziellen Reichtum und/oder hohe Bildungsabschlüsse verfügen, neigen zu stärkeren Stereotypisierungen als andere Gruppen. Die Stereotype würden darüber hinaus intergenerationell weitergereicht.

Lott bezieht sich hier auch auf die Untersuchung von Darley/ Gross von 1983. Diese ließen mehrere Gruppen von College-Studierenden denselben mündlichen Leistungstest einer »fourth-grade« Schülerin sehen, zeigten aber unterschiedliche Fassungen mit je unterschiedlichen sozialen Herkünften. Diejenigen, die glaubten, das Mädchen hätte eine ›höhere‹ soziale Herkunft, stuften ihre Fähigkeiten beim Leistungstest höher ein als diejenigen, die glaubten, dass sie aus armen Verhältnissen kommt. Diese Untersuchung wurde mit leichten Variationen von Baron/ Albright/Malloy (Baron u.a. 1995) wiederholt und führte zu ähnlichen Ergebnissen (Lott 2002, 103f.).

Institutionelle Distanzierung, Ausgrenzung oder Diskriminierung könne laut Lott bewusst und offensichtlich geschehen oder subtil und indirekt. Unabhängig hiervon baue sie jedoch Barrieren auf, mit denen Angehörigen von »low-status groups« an vollständiger sozialer Partizipation gehindert werden (ebd.,104). Bernice Lott bezieht sich mit dem Begriff der »Institutionellen Distanzierung« auf Sidanius/Prattos Definition von »Institutioneller Diskriminierung«. Institutionelle Diskriminierung sei:

»[...] die Art und Weise [...], in der das Bildungssystem, die Wirtschaft und der Staatsapparat positive gesellschaftliche Werte unproportional den herrschenden Gruppen zuweisen (wie zum Beispiel: hoher sozialer Status, gute Gesundheitsversorgung, angenehmes Wohnen) und negative gesellschaftliche Werte (geringer sozialer Status, arme Wohnverhältnissee, lange Gefängniszeiten, ... und Todesstrafe) den unterworfenen Gruppen.« (Sidanius/Pratto 1999,127; zit. n. Lott 2002, 104).

Diese Institutionelle Diskriminierung, welche nach Lott vor allem in der Form der Institutionellen *Distanzierung* vor sich gehe, verdeutlicht sie im weiteren Verlauf des Artikels anhand der Beispiele Bildung und Erziehung, Wohnen, Gesundheitsversorgung und Politik.
Zur Verdeutlichung der Interpersonellen Distanzierung zieht Lott eine Serie von Artikeln heran, die 2001 in der von ihr und H. E. Bullock herausgegebenen Sondernummer »Listening to the voices of poor women« des »Journal of Social Issues« veröffentlicht wurden (Lott/Bullock 2001a). Diese Sondernummer versuchte die täglichen Erfahrungen des Ausschlusses, der Erniedrigungen und Ignoranz von Menschen in Armut aufzuzeigen. In ihrer Analyse kommen die Herausgeber*innen zu dem Schluss, dass die »face-to-face classist discrimination« in Einkaufsläden, Klassenräumen oder Büros der öffentlichen Verwaltung zu den alltäglichen Erfahrungen armer Menschen gehört.
Abschließend warnt Lott davor, in der professionelle Hilfe paternalistisch, wenig partizipativ und wenig respektvoll zu sein. Diese Art von Unterstützung würde letztlich nur dazu führen, dass der unterstützten Gruppe der Zugriff auf die gesellschaftlichen Ressourcen erschwert würde. Allerdings stellte sie ein leichtes Umdenken fest und hofft, dass sich Psychologen und Psychologinnen an diesem Wandel beteiligen, indem sie sich noch einmal

die Resolution der American Psychologists Association vergegenwärtigen (ebd., 108).

Laura Smith fragt in einem Artikel in der »American Psychologist« (Smith 2005, 687ff), welche Barrieren Psychotherapeut*innen davon abhalten, Menschen in Armut mehr therapeutische Unterstützung angedeihen zu lassen. Sie führt diese Ignoranz vor allem auf unhinterfragte Klassismen zurück und stellt dieser Aussage ihre in der Auseinandersetzung mit dem eigenen Klassismus gewonnenen Erfahrungen zur Seite. Zunächst jedoch betrachtet sie die Definitionen von »den Armen« (im Original: »The Poor«) und »Klassismus«. Eine klare Definition, davon zu geben, was »die Armen« sind, erscheine unrealistisch, da zum einen Armut nicht nur ein finanzielles Problem sei, sondern zudem mit kulturellen Perspektiven, sozialem Status und der Unterscheidung zwischen Hand- und Kopfarbeit verknüpft sei. Zum anderen sei auch noch eine Verknüpfung mit anderen Unterdrückungsformen gegeben. Sie schließt sich der Beschreibung von Karon/VandenBos an:

»Wir meinen Menschen, die ihr ganzes Leben lang arm gewesen sind, deren Eltern arm waren und die mit hoher Wahrscheinlichkeit arm bleiben werden. Und das hat sowohl ökonomische als auch soziale Voraussetzungen. Die Definition von ›arm‹ hat die Grenzziehungen nicht zunichte gemacht, aber sie schließt die Arbeitslosen, die zeitweise oder teilweise Arbeitslosen und die unteren Lohngruppen der ArbeiterInnenklasse mit ein.« (Karon/VandenBos 1977, 169).

In der Definition von Klassismus folgt sie Bernice Lott. Einen Vorwurf von Liu (2004), diese Definiton schließe Upward-Formen des Klassismus aus, also beispielsweise Vorurteile von Menschen der »unteren« sozialen Klasse gegenüber Menschen der »höheren« sozialen Klasse, vermag sie sich nicht anzuschließen. Klassismus

sei nicht einfach ein Vorurteil, sondern eine Form der Unterdrückung. Unterdrückung könne als eine Kombination von Vorurteil und Macht verstanden werden. Dies gelte auch für andere Formen von Unterdrückung (beispielsweise Rassismus, Sexismus, Heterosexismus). Es sei ein ineinandergreifendes System, welches Dominanz und Kontrolle von sozialen Ideologien, Institutionen und Ressourcen beinhalte und zu einem Zustand des Privilegs für eine Gruppe und die Entrechtung einer anderen führe. Hierbei bezieht sie sich auf den Artikel von Hardimen/ Jackson (1997) im Reader für Social Justice Trainings. Mitglieder der dominierten und der dominanten Gruppe hätten wechselseitig Vorurteile gegeneinander, doch nur die dominierende Gruppe habe auch die Macht, ihre Vorurteile mittels Unterdrückung strukturell wirksam werden zu lassen.
Smith stellt den Klassismus in einen geschichtlichen Kontext. In den 1950er- und 1960er-Jahren war unter US-amerikanischen Psychotherapeut*innen weitgehend die Ansicht verbreitet, dass Arme gar nicht die Fähigkeit aufwiesen, in einen psychotherapeutischen Prozess einzutreten. Sie wurden ausgeschlossen, als feindlich, roh in ihrem Verhalten und in der Sprache wahrgenommen, kurz gesagt: eine Therapie mit ihnen galt als Zeitverschwendung. Vor diesem Hintergrund begann die Regierung von John F. Kennedy 1963 mit dem Bau von 2.000 geplanten »Community Mental Health Center« (CMHC) (Kommunale Zentren für psychische Gesundheit), damit Psychotherapie für alle Menschen erschwinglich werden könne, unabhängig von ihrem Einkommen (Smith 2005, 688). In den 1970er-Jahren erschienen in den USA einige Untersuchungen, die die Einstellung von Therapeut*innen, Klient*innen aus armen Verhältnissen seien nicht therapiefähig und -willig, als Mythos und Vorurteil entlarvten. Unter anderem wurde dies durch Untersuchungen belegt, die aufzeigten, dass bei entsprechender Vorbereitung, also

der Auseinandersetzung mit den klassistischen Verhaltensmustern, die Effektivität der Therapie stark gefördert würde. Dies gelte auch für Gesprächs- und nicht nur für Verhaltenstherapien. Wenn Therapeut*innen die klassenspezifischen Einstellungen und Probleme kennen würden, sei die Psychotherapie mit armen Klient*innen nicht von anderen Psychotherapien zu unterscheiden (Smith 2005, 688f.).

4.2.3 Perspektiven für nicht-klassistische, psychotherapeutische Praxen in den USA

Die 1980er-Jahre begannen allerdings mit der sogenannten »Counter-Revolution« in der Psychologie. Unter anderem wurde das CMHC-Projekt von Ronald Reagan gestoppt, so dass nur 750 der geplanten 2.000 Zentren gebaut werden konnten. Die Aufmerksamkeit verschob sich von sozialen Ursachen und Problemen in der Psychotherapie zu Fragen der biologischen, neurologischen und genetischen Ursachen von psychischen Problemen (Smith 2005, 689).
Zeitgleich wurden innerhalb des Feminismus verschiedene Unterdrückungsformen thematisiert, und dies galt insbesondere auch für die neu entstandene feministische Therapie, in der systematisch klassistische Vorurteile diagnostiziert wurden. Von feministischen Psychologinnen wurde darauf hingewiesen, dass arme Frauen in der Mainstream-Psychologie vollständig fehlten (Smith 2005, 689). Zur recht neuen »Multikulturellen Psychologie« merkt Smith an, dass sich Mulitkulturalist*innen zwar mit Armut beschäftigten, aber Menschen in Armut eben keine ethnokulturelle Gruppe seien. Es werde von Experten und Expertinnen dieser Richtung sogar explizit davor gewarnt, die multikulturelle Psychologie zu sehr auf die Erforschung von sozioökonomisch benachteiligten Gruppen zu legen, und empfohlen, multikulturelle Psychologie auf Aspekte von »race and ethnicity« zu beschränken (Smith 2005, 690).

Smith kann allein sechs Publikationen aufzählen, die nach 2000 erschienen sind und problematisieren, dass noch immer Klassismus innerhalb der Psychologie und Psychotherapie, ja sogar ein neuer Trend zur Psychiatrisierung und »Medikalisierung von Armut« bestehe, obwohl die American Psychologists Association im Jahr 2000 ihre Resolution verabschiedete, und obwohl innerhalb der multikulturellen Psychologie Trainings entwikkelt wurden, um Differenz zu verstehen.
Smith kommt zum selben Schluss wie vor ihr Bernice Lott und Javier/Herron (2002), dass hier eine unbewusste Distanzierung der Psychologen und Psychologinnen vorliege. Sie weist darauf hin, dass diese Barrieren aber durch das Erlangen von kultureller Kompetenz durchbrochen werden könnten.
Smith arbeitete als Psychologin in einem sehr armen Stadtviertel. Sie profitierte von der reichen Literatur über Multikulturalismus, von den Ausführungen, dass »Whiteness« eine Identität sei, von unzähligen Seminaren, Workshops, Supervisions-Erfahrungen. Es gab Anti-Rassismus-Trainings und wöchentliche Treffen, um sich die antirassistischen Prinzipien in der Arbeit zu vergegenwärtigen. Ähnliche Ressourcen bezüglich Klassismus standen jedoch nicht zur Verfügung.
Smith listet vier Barrieren auf, die sie in ihrer Arbeit erkannt hat:
1. »Arme Menschen sind gezwungen, mit so vielen überwältigenden alltäglichen Problemen zu kämpfen, dass sie keinen Nutzen davon haben, was ein Psychologe oder eine Psychologin ihnen anbieten könnte; sie brauchen Unterstützung dabei, die lebensnotwendigen Ressourcen zu identifizieren und Probleme zu lösen.«
Zwar stecke hierin ein wahrer Kern, da tatsächlich viele dringende materielle Probleme vorherrschten. Allerdings habe sie selbst die Erfahrung gemacht, dass beispielsweise Probleme wie Einsamkeit für viele ihrer Klient*innen sehr zentral waren und dass sie dringend je-

mand brauchten, um darüber, aber auch über Beziehungs- und Familienprobleme zu sprechen. Sie schließt sich den Worten der Aktivistin Rose Schneidermann an: »Die Arbeiterin braucht Brot, aber sie braucht auch die Rosen.«

2. »Arme Menschen sind gezwungen, mit so vielen überwältigenden alltäglichen Problemen zu kämpfen, dass Psychologinnen und Psychologen, die mit ihnen arbeiten, ihre Interventionen zwar als hilfreich, gleichzeitig aber auch als in ihrem Stellenwert reduziert erfahren können.«

Laura Smith schreibt, dass es einige Zeit gedauert hätte, bis ihr diese Form von Klassismus bewusst geworden sei. Letztlich habe sie diese Einsicht einem 65-Jährigen zu verdanken, der ihr gesagt habe, dass natürlich die Umstände geändert werden müssten, dass aber dennoch die psychologische Hilfe wichtig sei, auch wenn sie nicht zu relativ schnellen Erfolgen führe. Smith glaubt, dass ihre Konfusion drei Ursachen habe: zum einen werde der gute Wille zu helfen oft frustriert; dann werde an dem Selbstkonzept der Professionalität gerüttelt, und zum dritten würde die gesellschaftliche Schere deutlich.

3. »Die Arbeit in armen Communities enthebt einen des Komforts, nichts darüber zu wissen, wie arme Menschen leben.«

Psycholog*innen und andere Menschen aus der Mittel- und wohlhabenden Klasse bekommen nur selten etwas von der Arbeit der Menschen aus den unteren Klassen mit. Diese geschieht für sie unsichtbar. Wenn diese Arbeit jedoch täglich sichtbar wird, werden viele Vorurteile in Frage gestellt und lassen sich nicht länger aufrechterhalten.

4. »Konventionelle psychologische Angebote sind in dem kulturellem Umfeld von Armen- und Arbeiter*innencommunities weder bekannt noch allzu sehr akzeptiert, sodass gerade diejenigen, die davon am meisten profitieren könnten, sie nicht nutzen würden.« (Smith 2005, 691ff.).

In ihrer Arbeit war Laura Smith damit konfrontiert, dass gängige Psychologien eine Kultur von »Whiteness« und Klassenprivilegien widerspiegelten.
Die Ausbildung zu Psychotherapeut*innen könnte Aspekte eines Diversitytrainings beinhalten, wie es diese bereits für die Sensibilisierung gegenüber anderen Differenzlinien gebe. Die Institutionalisierung dieser Trainings an Hochschulen hätte darüber hinaus den Vorteil, dass auch über Klassismus empirisch geforscht werden könne (Smith 2005, 694).

5. Umstrittene Felder

5.1. Neue Antidiskriminierungsdebatten: Allgemeines Gleichbehandlungsgesetz, EU-Richtlinien und Chartas

Institutioneller Klassismus wird über Gesetze und Richtlinien gestützt und reproduziert. Gleichzeitig ermöglichen juristische Interventionen und Vereinbarungen aber auch, Diskriminierung zu thematisieren und zu ihrer Verhinderung und Abschaffung beizutragen. In diesem Spannungsfeld kann Klassismus thematisiert werden, können neue Sichtweisen und damit verbunden auch neue Interventionen und Aktionen geschaffen werden.

Die UN-Menschenrechtscharta enthält eine Vielzahl von Festlegungen, die Ansatzpunkte für die Thematisierung von Klassismus und entsprechenden Schutzmaßnahmen bieten. So sollen die Menschenrechte für Menschen unabhängig ihrer sozialen Herkunft oder ihres Eigentums gelten, die Sklaverei und Leibeigenschaft werden verurteilt und abgelehnt.[1] In den Menschenrechten steht auch das Recht auf Arbeit, die freie Berufswahl, befriedigende Arbeitsbedingungen, Schutz vor Arbeitslosigkeit, angemessene Entlohnung, Existenzsichernde Verhältnisse bezüglich Wohnung, medizinische Versorgung, Nahrung, Kleidung, das Recht auf Erholung und Freizeit und eine begrenzte Arbeitszeit.[2]
Im Vertrag zur Gründung der Europäischen Gemeinschaft (in der durch die Verträge von Amsterdam geänderten Fassung), Artikel 13 heißt es hingegen:

»1. Unbeschadet der sonstigen Bestimmungen dieses Vertrags kann der Rat im Rahmen der durch den Vertrag

---

1 Art. 2 der Menschenrechtscharta. URL: http://www.unhchr.ch/udhr/lang/ger.htm
2 Art. 3-30 der Menschenrechtscharta

auf die Gemeinschaft übertragenen Zuständigkeiten auf Vorschlag der Kommission und nach Anhörung des Europäischen Parlaments einstimmig geeignete Vorkehrungen treffen, um Diskriminierungen aus Gründen des Geschlechts, der Rasse, der ethnischen Herkunft, der Religion oder der Weltanschauung, einer Behinderung, des Alters oder der sexuellen Ausrichtung zu bekämpfen.«[3]

Der alte Diskriminierungsgrund »soziale Herkunft«, wie er beispielsweise im deutschen Grundgesetz Artikel 3 steht, im »Übereinkommen über die Diskriminierung in Beschäftigung und Beruf von 1958« der Internationalen Arbeitsorganisation, von der Bundesrepublik 1961 ratifiziert, oder auch in der Charta der EU, wurde Ende der 1990er-Jahre bei der Verabschiedung der Amsterdamer Verträge unter den Tisch fallen gelassen. Ende Februar 1997 legte die niederländische Ratspräsidentschaft einen neuen Textentwurf vor: vier Kategorien wurden aus dem Antidiskriminierungs-Artikel gestrichen: soziale Herkunft, Alter, »Behinderung« und sexuelle Orientierung. Drei der vier wurden aufgrund des Drucks der Lobby-Organisationen wieder in die Amsterdamer Verträge aufgenommen. Soziale Herkunft blieb draußen. Eine Nachfrage bei einem der niederländischen Aktivist*innen, die sich 1997 vor allem für die Wiedereinführung der sexuellen Orientierung einsetzten, ergab, dass damals einfach keine Lobby existierte, die sich für die Wiedereinführung der Kategorie »soziale Herkunft« aussprach.[4]

Auf europäischer Ebene wird diskutiert, die Amsterdamer

---

3 Vertrag von Amsterdam zur Änderung des Vertrags über die Europäische Union, der Verträge zur Gründung der Europäischen Gemeinschaften sowie einiger damit zusammenhängender Rechtsakte, Konsolidierte Grundsätze, 1.Teil – Grundsätze, 10. November 1997, Art. 13 (Ex 6a) URL: http://eur-lex.europa.eu/de/treaties/dat/11997D/htm/11997D.html

4 Eigene Recherche

Verträge zu erweitern und mit der EU-Charta in Einklang zu bringen. In der Anfrage, die im Zuge des Grünbuchs[5] auch an die Regierungen verschickt wurde[6], sah bereits die rot-grüne Bundesregierung keinen Handlungsbedarf, Kriterien wie »soziale Herkunft« oder »Vermögen« (die in der EU-Charta enthalten sind) in die Antidiskriminierungs-Paragrafen aufzunehmen: »Schwerpunkt der zukünftigen Arbeit sollte [...] die Konsolidierung und Evaluierung des bereits Erreichten sein.«[7]

Interessenverbände wie die »Arbeitsgemeinschaft Selbstständiger Unternehmer« warnten sogar ausdrücklich vor der Übernahme der alten Antidiskriminierungsgründe:

»Es ist unsere Ansicht, dass Diskriminierungsverbote der geschilderten Art nicht formuliert und gesetzlich durchgesetzt werden sollten. Wir sind darum auch nicht der Meinung, dass die EU die Debatte über zusätzliche, unter die Charta der Grundrechte fallende Diskriminierungsgründe anstoßen sollte: weder soziale Herkunft, noch genetische Merkmale, Vermögen usw. sollten hinzukommen. Schon der Ansatz ist, wie gesagt, nicht zweckdienlich, sondern grundrechtspolitisch sogar kon-

---

5 Europäische Kommission: Gleichstellung sowie Bekämpfung von Diskriminierungen in einer erweiterten Europäischen Union, GRÜNBUCH, URL: http://ec.europa.eu/employment_social/fundamental_rights/pdf/pubst/grpap04_de.pdf

6 Fragestellung: *»Sollte die EU eine Debatte anstoßen über Diskriminierungen aus den anderen in der EU Grundrechtecharta genannten Gründen? (höchstens 3 Antworten (sic!))*
o Soziale Herkunft o Genetische Merkmale o Sprache o Politische oder sonstige Anschauung *o Zugehörigkeit zu einer nationalen Minderheit o Vermögen o Geburt«* ebd., Anhang, S. 3

7 Bundesministerium für Familie, Senioren, Frauen und Jugend: Antwort zum Grünbuch URL: http://ec.europa.eu/employment_social/fundamental_rights/pdf/greencon/bun.pdf

8 Arbeitsgemeinschaft Selbstständiger Unternehmer e.V.: Stellungnahme zum Grünbuch zur Gleichstellung sowie Bekämpfung von Diskriminierung in einer erweiterten Europäischen Union URL: http://ec.europa.eu/employment_social/fundamental_rights/pdf/greencon/asu.pdf

traproduktiv und von Schaden.«[8]

Das Allgemeine Gleichbehandlungsgesetz (AGG), welches in der Bundesrepublik erst nach einer Verurteilung des Europäischen Gerichtshofes wegen unzureichender Umsetzung der EU-Antidiskriminierungsvorschriften zustande gekommen ist, lässt nicht nur Menschen, die aufgrund ihrer Klassenzugehörigkeit oder -herkunft diskriminiert werden, schutzlos. Tatsächlich vollzieht sich mit dieser Diskriminierungshierarchie ein Ausschluss der Klassenfrage aus dem Diskriminierungsdiskurs. Auch in Enzyklopädien, wie Meyers-Online-Lexikon, wird Diskriminierung nun beschreibend unter partiellem Ausschluss der sozialen Herkunft erklärt:

»Diskriminierung: Bezeichnung für herabsetzende Verhaltensweisen gegenüber anderen Menschen beziehungsweise ihre ungleiche Behandlung aufgrund von rassischer oder ethnischer Zugehörigkeit, Geschlecht, religiösen oder politisch-weltanschaulichen Überzeugungen, sexueller Orientierung, Alter usw.; geht häufig mit einer sozioökonomischen Benachteiligung (z.B. Unterschiede im Einkommen, im Qualifikationsniveau o.Ä.) der jeweiligen Bevölkerungsgruppe einher.«[9]

Die Beispiele lassen sich beliebig fortführen und werden durch die Umfragen und Faltblätter der EU zu Diskriminierungen transportiert. Bereitgestellt werden berechtigterweise im Rahmen des Programms Mittel für die Basisfinanzierung des »Europäischen Behindertenforums« (EDF), des »Europäischen Netzwerkes gegen Rassismus« (ENAR), der »Europäischen Plattform für Senioren« (AGE) und der »ILGA Europe« (Internationale Lesben- und Schwulen-Organisation) sowie einer Reihe kleinerer Netze, die im »Behinderten«bereich tätig sind. Entsprechende Mittel werden *nicht* zur Bekämp-

---

9 URL: http://lexikon.meyers.de/wissen/Diskriminierung+(Sachartikel)

fung von Klassismus zur Verfügung gestellt. Folgen hat der Ausschluss von Klassismus als Diskriminierungsgrund in den Antidiskriminierungsrichtlinien der EU auch für die regelmäßig stattfindenden Umfragen. In diesen wird dann beispielsweise nicht erhoben, ob Diskriminierungen auch gegenüber armen, arbeitslosen Menschen, Arbeiter*innen oder Kindern wahrgenommen werden. Entsprechend machen diese Erhebungen keinen Handlungsbedarf deutlich. In der EU-Studie »Special Eurobarometer: Poverty and Exclusion«, erschienen im September 2007[10], werden zum ersten Mal Diskriminierung und Vorurteile vorsichtig thematisiert. Die Studie untersucht, wie Armut und Ausschluss in den Ländern der Europäischen Union wahrgenommen werden, welche Haltungen die Bürger*innen gegenüber obdachlosen Menschen haben und wie Realität und Wahrnehmung zusammenhängen.

68 Millionen Bürger*innen der EU leben unter einem Armutsrisiko. Die Wahrnehmung von Armut ist abhängig von der ökonomischen Situation der Bürger*innen. Je reicher und abgesicherter eine Person ist, desto weniger nimmt sie Armut zur Kenntnis. Die Studie zeigt auch, in welch hohem Maße arme Menschen von sozialer und kultureller Partizipation in der Gesellschaft ausgeschlossen sind. Die Vorurteile gegenüber armen Menschen sind hoch: 30% der Bürger*innen denken, dass arme Menschen schon immer arm waren, und 20% glauben, dass sie sich in dieser Situation befänden, weil sie »faul« seien und einen »Mangel an Willenskraft« hätten. Nur ein Prozent der Bürger*innen kann sich mit sehr hoher Wahrscheinlichkeit vorstellen, obdachlos zu werden. Armut wird in einem hohen Maße als »anders« wahrgenommen und möglichst auf Distanz vom eigenen

10 www.european-microfinance.org/data/ File/report67-1emplpovertyandexclusion20070830.pdf (25.9..2007)

Leben gehalten, es sei denn die Menschen sind selbst betroffen.
Solche Studien sind informativ, auch wenn sie die Diskriminierung nicht mit dem Begriff Klassismus auf den Punkt bringen. Sie machen Unterschiede in der europäischen Union bezüglich der Wahrnehmung und Einstellung gegenüber Diskriminierungen deutlich. So lehnten laut Eurobarometer 2003 nur 78% der Österreicher*innen Diskriminierungen ab, in Ostdeutschland nur 71% und in Westdeutschland nur 68%. In allen anderen europäischen Ländern wurden Diskriminierungen sehr viel häufiger abgelehnt, hier schwankte die Zahl zwischen 80% in Belgien und 89% in Spanien. (Eurobarometer 2003: Diskriminierung in Europa[11]). Mit den Zahlen des Eurobarometers 2007 ergeben sich für Deutschland und Österreich ähnlich niederschmetternde Ergebnisse: In der Wahrnehmung von Diskriminierung sind die befragten Deutschen und Österreicher*innen unsensibler als andere interviewte Europäer*innen. So meinen beispielsweise nur 21% der befragten Deutschen, dass Diskriminierung aufgrund des Geschlechts in ihrem Land verbreitet ist und nehmen damit eine Spitzenstellung ein (in Schweden, einem Land, in dem Frauen in weiten Teilen besser gestellt sind, geben 50% der Befragten an, dass Diskriminierung aufgrund des Geschlechts in ihrem Land weit verbreitet sei). Hierzu passt, dass sehr viel weniger Menschen in Deutschland (nur 27%) und Österreich (nur 17%) über ihre Rechte im Diskriminierungsfall informiert sind als im übrigen Europa (Finnland 65%, EU-Durchschnitt 37%). Es ist zu hoffen, dass sich in Deutschland und Österreich durch die EU-Politik zwangsweise eine höhere Sensibilität durchsetzt. Ob dies Konsequenzen für eine Bewusstheit von Klassismus und die Einsicht in die Notwendigkeit von

---

11 URL: http://ec.europa.eu/public_opinion/archives/ebs/ebs_168_exec.sum_de.pdf

antiklassistischen Projekten hat, ist derzeit ein offener und beeinflussbarer politischer Prozess. Die Felder, die wir in den folgenden Kapitelteilen beschreiben, könnten dafür von besonderer Bedeutung sein, weil in ihnen implizit Klassismus diskutiert wird, auch wenn der Begriff selber nicht fällt.

5.2. Bildung

Klassismus wird besonders im Bereich der Bildung als Diskriminierung »unterer« Klassen und Privilegierung »oberer« Klassen hergestellt..

5.2.1 Bildungsbenachteiligung

Die PISA-Studien[12] machten deutlich, dass in Deutschland eine Bildungsbenachteiligung herrscht, die stärker ist als in allen anderen Industriestaaten. Zwar gab es zum Zeitpunkt der Erhebungen in Deutschland weder Schulgeld noch Studiengebühren, es existierte sogar eine finanzielle Ausbildungsförderung. Dennoch war das deutsche Bildungssystem auch ohne die Neudefinition von »Bildung als Ware« sozial diskriminierend. Das heißt, dass die Bildungsdiskussion nicht alleine auf finanzielle Aspekte reduziert werden darf. Wobei uns, wo wir dies schreiben, sehr bewusst ist, dass der finanzielle Aspekt momentan an Bedeutung zunimmt – nicht nur wegen der Studiengebühren, die sukzesssive in einzelnen Bundesländern eingeführt werden, sondern zum Beispiel auch aufgrund der Kürzungen der kompensatorischen Lernmittelfreiheit in Schulen. Betrachten wir die geschichtliche Entwicklung des Schulsystems in

12 »As a result, variations of the steepness of the social gradient across countries is greater when school effect is taken into account. Island has the last severe social gradient at both the individual and the school level, and Germany has the steepest at both levels. However, the slopes of the gradient in the two countries differ by a factor of three at the individual level but a factor of five at the school level.« OECD, Messages from PISA 2000 S. 14f., URL: http://www.oecd.org/dataoecd/31/19/34107978.pdf

Westdeutschland, so zeigt sich, dass es immer wieder internationale Interventionen gegen den besonderen Klassismus im bundesrepublikanischen Bildungswesen gegeben hat. So gab es zahlreiche Bemühungen der Alliierten nach dem Zweiten Weltkrieg eine differenzierte Einheitsschule in den westdeutschen Sektoren zu errichten. Am bekanntesten wurden diese Bemühungen in der Formulierung der Direktive 54 der Alliierten Kontrollkommission, wonach einer gemeinsamen Grundschulzeit bis zur 6. Klasse eine Sekundarstufe folgen sollte, die nicht in verschiedene Schulformen (Volks-, Realschule und Gymnasium) gesplittet wird. Hierzu kam es nur in West-Berlin. Lenhard/ Stock nennen als Organisationen, die sich gegen die Demokratisierung des Schulsystems wandten, Teile der: »Kirchen, Universitäten, Arbeitgeber*innen, der in Berufsverbänden organisierten Gymnasiallehrer*innen und der Elterverbände«. In den letzten Jahrzehnten gab es leichte Verschiebungen. Federführend in der Argumentation für die Beibehaltung des hochselektiven Schulsystems finden sich nun vor allem der Gymnasiallehrer*innenverband (»Deutscher Philolog*innenverband«) und Teile der CDU und FDP. Die Universitäten bauen derzeit mit dem Ziel, über »Exzellenz-Cluster« (renommierte Forschungsprojekte) zu verfügen, eigene selektive Mechanismen aus[13] und kümmern sich kaum um Schulpolitik. Die sogenannten Arbeit»geber*innen«verbände und ihre Think-Tanks sehen, ähnlich wie in der Konstatierung einer »Bildungskatastrophe« in den 1960er-Jahren, die Gefahr einer zu geringen »Abschöpfung der Bildungsreserven« durch die jetzige Schulstruktur. Elternverbände führen einen internen Kleinkrieg um die Frage der Schulstruktur

13 Mit den Worten »Es ist zukünftig auf ›Klasse statt Masse‹ zu setzen.« wird der damit einhergehende Abbau der Lehrer*innenausbildun von der Rektorin der Universität Münster begründet. (Nelles 2008)

(so trat der Vorsitzende des Elternverbandes auf Bundesebene zurück, da er für sein Engagement für eine »Schule für alle« massiv von einzelnen Elternverbänden angegriffen wurde). Die Kirchen stehen nicht mehr in vorderster Reihe gegen Ganztagsschule und Einheitsschule, machen aber durch verschiedene Erklärungen ihrer Landesverbände immer wieder deutlich, wie ihrer Meinung nach eine »familiengerechte« Schulstruktur auszusehen habe. Wenn allerdings kirchliche Gymnasien hinterfragt werden, scheuen sich weder die katholische noch die evangelische Kirche gegen Schulen für Alle zu mobilisieren und mit Klagen zu drohen.[14]

Es sind drei Ebenen zu unterscheiden, in denen Bildungsklassismus praktiziert wird: (1) Die Definitionsmacht darüber, was als Bildung gilt und wer als gebildet bzw. ungebildet gilt; (2) hiermit einhergehend die Zuteilungspraxis der Bildungszertifikate durch sogenannte Torwächter*innen an den jeweiligen Bildungsschwellen; und (3) schließlich die klassenspezifische Verteilung legesellschaftlicher Ressourcen für die Erlangung der legitimen Bildung.

5.2.2 Definitionsmacht über den Bildungsbegriff

Deutschland ist ein Musterbeispiel für Klassismus im Bildungssystem. Ein Schlüsselbegriff für die klassistische Bildungsideologie in diesem Land ist der Begriff »Begabung«. Begabung meint in der Regel »intellektuelle Begabung«, manchmal wird jedoch auch differenziert. So legitimierte noch im März des Jahres 2007 die hessische Kultusministerin Karin Wolff die weitere Existenz der Hauptschule mit dem Begriff der »praktischen Bega-

---

14 Frank Uferkamp: Der Schulkampf hat begonnen. In Westdeutsche Zeitung, 30.08.2007

15 Karin Wolff: »Es bleibt in Hessen bei einem gegliederten Schulwesen mit eigenständigen landesweiten Abschlüssen für

bung«: »Die Abschaffung der Hauptschule wäre die Fortsetzung der ideologisch begründeten Verachtung praktischer Begabungen [...].«[15] Wie zynisch diese Formel der »praktischen Begabung« ist, wird deutlich, wenn wir den Begriff Hochbegabung betrachten. Es kommt nicht so oft vor, dass Maschinenführer*innen, die ihre Arbeit sehr gut machen, als (praktisch) hochbegabt bezeichnet werden. Auch finden sich nicht wirklich viele Stiftungen, die eine Begabtenförderung für »Hausarbeiter*innen« übernehmen. Hochbegabung bezieht sich nur auf »intellektuelle Begabung«, denn »praktische Begabung« ist eine Hilfskonstruktion. »Praktische Begabung« unterfüttert die Ideologie der genetischen Vererbung von Begabungen. Im Alltag spricht man nicht davon, dass jemand »praktisch begabt« ist, sondern von seiner Geschicktheit. Natürlich muss ein »intellektuell begabter« Mensch sich nicht um die vielen kleinen ärgerlichen praktischen Aufgaben des Alltags kümmern, dies wäre aus kapitalistisch-klassistischer Sicht Ressourcenverschwendung; Pierre Bourdieu spricht hier vom »Rassismus der Intelligenz« (Bourdieu 1993).

Die »intellektuelle Begabung« geht im deutschen Kontext einher mit dem Begriff »Bildung«. Was als Bildung gilt, ist keine ausgemachte Sache. Nach Pierre Bourdieu finden über die Definition dessen, was als Bildung und wer als gebildet gilt, Kämpfe im Bildungssystem statt. Es handelt sich bei etablierter Bildung um Kapital, genauer um kulturelles Kapital, welches in andere Kapitalformen wie ökonomisches und soziales Kapital umformbar ist und insgesamt das symbolische Kapital, das Ansehen, steigere. Das bedeutendste Feld dieser Kämpfe um die Definition von Bildung/ Bildungskapital ist die Akademie. Wichtig an diesem Kapital ist für den/die Kapitaleigner*in neben dem Gebrauchs- auch der Tauschwert. Das be-

---

Hauptschule, Realschule und Gymnasium«, Pressemitteilung des Hessischen Kultusministeriums vom 02.03.2007

deutet, der praktische Nutzen ist nicht unbedingt primär. Für das kulturelle Kapital heißt dies, dass davon abgesehen wird, sein von der Gesellschaft gespeistes Wissen verantwortlich in die Gesellschaft zurückfließen zu lassen. Es wird ebenfalls kaum gewürdigt, dass die Möglichkeit, einer rein geistigen Tätigkeit nachzukommen, nur deshalb möglich ist, weil andere die Hochschulen gebaut haben, die Räume heizen, die Böden wischen und in den Kantinen die Nahrung zubereiten. Hiervon abstrahiert der/die »intellektuell Begabte« und widmet sich weiter seinen/ihren reinen geistigen Tätigkeiten. Bourdieu nennt diese Einstellung »scholastisch« (Bourdieu 2001: 21ff.).

So wichtig diese Kritik ist, so findet dennoch bei Bourdieu selber eine dichotome Zuschreibung statt. Claudia Leeb kritisiert an Bourdieu, dass er mit dem Begriff »kulturelles Kapital« genau diese binäre Formel bedient, in der Arbeiter*innen lediglich als Mängelwesen auftauchen und über keine eigenen Qualitäten verfügen (Leeb 2007, S. 75f.).

Anja Meulenbelt kritisierte bereits in den 1980er-Jahren:

»Die Kultur der Schule ist eine Mittelschichtkultur. Die Gewohnheiten stammen aus der Mittelschicht, auch der Sprachgebrauch. Viele Kinder aus den unteren Klassen erleben die erste Konfrontation mit ihr als Kulturschock. Wollen sie es schaffen, dann müssen sie sich anpassen. In dem Maße, in dom Kinder sich stärker der Mittelschichtsumgebung angleichen, werden sie auch stärker toleriert und weniger stigmatisiert. Krijnen nennt dieses Verhalten ›kulturelle Emigration‹« (Meulenbelt 1988, 98).

Im Zuge der Bildungsreformen der1960er- und 1970er-Jahre sind eine Vielzahl von Studien zu Schicht und Ungleichheit im Bildungsprozess erschienen: »Sie waren dabei bemüht aufzuzeigen, welche Anpassungsleistungen Bildungsaufsteiger aufgrund des einseitigen Anpassungsdrucks an die dominante Kultur erbringen müssen und welchen psychischen Gefahren sie dabei ausgesetzt sind« (Brendel 1998: 62).

Die Debatten und Kämpfe um Zugänge zum Bildungssystem sollten daher nicht vergessen machen, dass dieses Bildungssystem selbst der Veränderung und neuer demokratischer, »queerer«, interkultureller Lehr- und Lernformen bedarf: Anknüpfend an die Geschichte von Widerstandskulturen geht es also immer auch darum, die Bildung selbst als potentiell herrschaftsförmig zu begreifen und daraus die Konsequenz zu ziehen, auch diese neu zu denken und umzugestalten. Zugänge zur »legitimen« Bildung sind dementsprechend nur eine Teillösung.

5.2.3 Bildungsbeschränkungen und Torwächter*innen

Bildungssysteme im Kapitalismus – allen voran das deutsche – sind durch aufeinander aufbauende »Bildungsschwellen« gekennzeichnet (Hochschul-Informations-System 2007 S. 3). Die erste Bildungsschwelle ist die Einschulung mit dem Kriterium, ob das Kind reif für die Schule ist. Es folgt – lässt man die Zeugnisse außer Acht, die jedes Jahr aufs Neue überhaupt erst die »Versetzung« garantieren und somit auch Bildungsschwellen sind – die frühe soziale Selektion am Ende der Grundschulzeit, welche mit einer Schulformempfehlung endet. Die wirklichen Gründe für die Auswahlen bleiben in der Regel intransparent. Diese Bildungsschwellen setzen sich fort und an jeder Schwelle sitzen Gatekeeper (Torwächter*innen), die bestimmen, wer geeignet ist, die nächst»höhere« Bildung zu erhalten oder wer in »Förderschulen« noch deutlicher separiert wird.

Robert Perrucci und Earl Wysong untersuchten diese Gatekeeping-Praxis in ihrem Buch »The New Class Society. Goodbye American Dream?« (Perrucci/ Wysong 2003) und sprachen in diesem Zusammenhang von »Institutionalisiertem Klassismus«. Gatekeeper sorgten dafür, dass nur wenige Arbeiter*innen- oder Armenkinder aufsteigen könnten und auch nur dann, wenn sie einen bestimmten Code erlernt hätten (Steffanie Engler sprach hier von einer sogenannten »zweiten Sozialisation«, die Arbeiter*innenkinder zu durchlaufen hätten (Engler 2001)). Für Deutschland lässt sich diese Gatekeeping-Praxis sehr deutlich bei der Schulformempfehlung am Ende der Grundschulzeit belegen. Vier verschiedene Studien (die Hamburger LAU-Studie, die Internationale Grundschul-Leseuntersuchung (PERLS/IGLU), PISA und eine Studie im Auftrag der Arbeiterwohlfahrt) zeigten, dass Grundschullehrer*innen nicht nur nach Leistung Gymnasialempfehlungen aussprechen, sondern auch den sozialen und ethnischen Hintergrund mit einfließen lassen. Bei gleicher kognitiver und Lesekompetenz erhielten Akademiker*innenkinder sehr viel häufiger als Arbeiter*innenkinder eine Gymnasialempfehlung.[16] Anja Meulenbelt machte sich bereits in den 1980er-Jahren Gedanken zu diesem spezifischen Klassismus in der Schule:

»Wie kommen Lehrer zu der Einschätzung, aus welcher sozialen Klasse Schüler stammen? Der Beruf der Eltern spielt eine Rolle, die Gegend, in der man wohnt. Aber selbst wenn man all das nicht wüßte, wird auf andere Merkmale reagiert, insbesondere auf Kleidung und Sprache. Es hat sich gezeigt, daß nur eine sehr geringe Information über das Sprachverhalten notwendig ist, also eine winzige Abweichung vom ›Standardniederländischen‹, um Lehrer zu stereotypen Auffassungen zu bringen« (Meulenbelt 1988: 95).

---

16 In der Studie heißt es: »Während Kinder aus der oberen Dienstklasse bereits mit einer Lesekompetenz, die elf Punkte unterhalb des deutschen Mittelwerts von 548 liegt, gute Chancen auf eine Gymnasialpräferenz ihrer Lehrkräfte haben, benötigen Kinder von un- und angelernten Arbeitern 614 Punkte. Ähnliche Diskrepanzen ergaben sich in den Studien LAU-5 und KESS-4.« (Bos 2007, S. 27)

Diese Praxis ist systemimmanent. Sie ist ein Musterbeispiel für »institutionalisierte Diskriminierung« oder konkreter, für das, was Perrucci/ Wysong »institutionalisierter Klassismus« (2003: 284ff.) nennen.
Die LAU-Studie deckte zudem auf, dass sich die Eltern unterschiedlich an die Empfehlungen der Lehrer*innen hielten. Während Eltern mit »geringem Bildungsgrad« die Lehrer*innen als Autoritäten sahen und sich im Wesentlichen an ihre Empfehlungen hielten, gingen Akademiker*innen in der Regel über die Empfehlung der Lehrer*innen hinweg und schickten auch dann ihre Kinder aufs Gymnasium, wenn die Lehrkräfte davon abraten.
Das Festhalten an diesem Schulsystem, welches die Kinder viel zu früh auf ihren zukünftigen Lebensweg festlegt (der Titel einer entsprechenden UNICEF-Studie lautet: »Germany, Children sorted for a life«) hält der UN-Menschrechtsbeobachter Vernor Munoz für »juristisch relevant«. Er zitiert die IGLU-Studie, die feststellt,

»dass 44% der Einstufungen für den weiteren Schulweg nicht den Merkmalen der Kinder entsprechen. Diese Tatsache ist juristisch relevant, wenn man den im Übereinkommen über die Rechte des Kindes festgelegten Grundsatz vom Wohl des Kindes berücksichtigt« (Punkt 56 des Berichts).

Und er geht noch einen Schritt weiter und benennt, dass es nicht nur Diskriminierung, sondern auch Profiteure des hochselektiven Schulsystems gibt. Im Dokument heißt es, es müsse festgestellt werden,

»dass – trotz erfolgreicher ausländischer Beispiele eines Schulsystems für alle Schüler, durch das Kinder die Möglichkeit haben, für einen längeren Zeitraum gemeinsam zu lernen und durch das alle angehalten werden, bessere Ergebnisse zu erzielen – die Diskussion über das mehrgliedrige System, das der Sonderberichterstatter für extrem selektiv hält, große Angst und Widerstand

auszulösen scheint, insbesondere Besorgnis über den Verlust von Privilegien für diejenigen, die am meisten vom aktuellen System profitieren« (Punkt 49 des Berichts).

Wir haben es hier also nicht nur mit einem System von Institutionalisiertem Klassismus zu tun, sondern es gibt – wenn wir dem UN-Menschrechtsbeobachter folgen möchten – auch Akteur*innen, die bewusst daran arbeiten, das sie begünstigende ungerechte System aufrecht zu erhalten. Deutlich wurde dies in Manipulationsversuchen, beispielsweise, als die EU-Kommission 2006 die frühe Selektivität anprangerte und deutsche und österreichische Diplomat*innen erfolgreich einen gemäßigteren Text in der Endresolution durchsetzten (Bericht vom ORF 2006). Es wurde auch versucht, den UN-Bericht des Menschenrechtsbeobachters günstiger aussehen zu lassen. Dies gelang den Diplomat*innen jedoch nicht, da sie anders als in der EU kein Veto-Recht bei der Herausgabe des Berichts von UN-Menschenrechtsbeobachter*innen haben. Allerdings wurde nicht davor zurückgeschreckt, den UN-Menschenrechtsbeobachter mit rassistischen Untertönen herabzuwürdigen, seine zehntägige Inspektion in Deutschland als den »Sechs-Tage-Trip«[17] eines »Herren aus Costa Rica«[18], der »des Deutschen kaum mächtig sei«[19], aber »uns Deutschen die Leviten«[20] lesen will, zu konterkarieren. Der Arbeitgeber*innenverband fürchtete um Privilegien, die er verlöre, würde in Deutschland ein Menschenrecht auf Bildung umgesetzt. Allerdings scheinen die Kapitalinteressen hier ge-

17 Patrrick Meinhardt (bildungspolitischer Sprecher der FDP): Pressemitteilung der FDP Baden-Württemberg: Meinhardt: Munoz-Bericht ist eine Zumutung!, URL: http://www.fdp-bw.de/service/fpdf/pdf_pm.php?pid=1630
18 ebd.
19 Heike Schmoll: UN-Sonderberichterstatter Munoz: Dreistes Urteil über das deutsche Schulsystem, FAZ-Net, 21.03.2007
20 ebd.

spalten zu sein. Wie der Generalsekretär der OECD im September 2007 klarstellte, verfüge Deutschland über zu wenig Akademiker*innen: nur 90% der ausscheidenden Ingenieur*innen und 60% der ausscheidenden Lehrer*innen könnten ersetzt werden. Er drückte seine Besorgnis über das früh selektierende deutsche Bildungssystem aus.[21] Doch auch die OECD blieb nicht verschont von den Angriffen derer, die die Privilegien im Bildungssystem für ihr Milieu sichern wollen. Nach dem Konflikt mit der EU-Kommission zur frühen Selektion im deutschen Schulsystem im Winter 2006/2007 und nach dem Konflikt mit dem Menschenrechtsbeobachter der UN im Frühjahr 2007, hatte im Sommer 2007 eine Lobby aus CDU, Philolog*innenverband und konservativen Zeitungen den internationalen Koordinator der PISA-Studien, Andreas Schleicher, kritisiert, da dieser die hohe soziale Selektion durch das mehrgliedrige Schulsystem thematisierte.[22] Hintergrund des Streites war die Auswertung der PISA-Erhebung. Der deutsche PISA-Koordinator wertete die Daten nicht mit dem PISA-

---

21 Spiegel Online: OECD-Bildungsbericht. Deutschland sackt weiter ab, 18.09.2009 URL: http://www.spiegel.de/unispiegel/studium/0,1518,druck-506387,00.html

22 Jochen Leffers: Kultusminister attackieren »Mr. Pisa«, Spiegel-Online, 29.11.2007 URL: https://www.spiegel.de/unispiegel/studium/0,1518,520422,00.html

23 Die feinen Unterschiede zeigen sich nach Bourdieu nicht nur im Geld, sondern auch in kulturellen Ressourcen und sozialen Netzwerken. Dies drückte sich beispielsweise darin aus, dass das Hochschulinformations-System in der Studie zur sozialen Lage der Studierenden bei der Frage, welche Gruppen die größten Differenzen im Hochschulzugang haben, neue Gruppen gegenüberstellte. Wurden bislang vier verschiedene Gruppen entsprechend ihrer sozialen Herkunft miteinander verglichen, fiel nun der Unterschied zwischen Akademikerkindern und Nicht-Akademikerkindern so hoch aus, dass diese Unterscheidung die bisherigen Unterscheidung ersetzte. Es studieren 84% der Akademikerkinder und nur 23% der Nicht-Akademikerkinder. Trotz dieser Unterscheidung hielt das deutsch PISA-Konsortium an

Index aus, welcher den ökonomischen, kulturellen und sozialen Status der Schüler*innen berücksichtigt (ESCS-Index), sondern nach einem sozioökonomischen Index, mit der Folge, dass die Bildungsbenachteiligung weniger extrem aussah.[23] Der Streit eskalierte und die OECD sah sich schließlich gezwungen, dem deutschen PISA-Konsortium mit dem Entzug des Labels PISA zu drohen, wenn sie weiterhin die beschönigenden Kriterien zur PISA-Auswertung benutzen sollten. Zudem wurden deutsche Bildungsforscher und -politiker von Vorabinformationen zu neuen PISA-Ergebnissen bis mindestens Ende 2008 ausgeschlossen.[24] Auch von Teilen der CDU wurde erwogen, aus PISA auszusteigen und von Seiten des konservativen Lehrer*innenverbandes kam der Vorschlag, keine Gelder an die OECD mehr zu zahlen, wenn sie weiterhin das deutsche Schulsystem so ungünstig darstellten. An dieser Stelle wird deutlich, dass das Schulsystem in Deutschland mindestens ebenso stark durch Klassen- wie durch Kapitalinteressen geformt wird, denn die OECD setzt sich für wirtschaftliche Entwicklung und nicht für Menschenrechte ein.[25]

War bislang das deutsche Bildungssystem durch eine frühe soziale Selektion mit einem daran anschließenden relativ egalitären Hochschulsystem gekennzeichnet

---

der alten sozialökonomischen Unterscheidung fest und verwendete nicht die modernere Unterscheidung nach ökonomischem, kulturellem und sozialem Status, wie ihn die OECD verlangt. (Isserstedt u.a.: 108)

24 Barbara Gillman: OECD bestraft deutsche PISA-Forscher, Handelsblatt, 01.06.2008, URL: http://www.handelsblatt.com/politik/International/oecd-bestraft-deutsche-pisa-forscher;1437435

25 Inzwischen haben die deutschen PISA-Projektverantwortlichen ihre Position zurückgenommen, dass man aus den PISA-Ergebnissen eine Verbesserung in den Naturwissenschaften herleiten könne (Heino von Meyer: Noch ein falscher Verdacht, Die Zeit, 02.08.2008). Ob hierdurch das in der Öffentlichkeit konstruierte Bild »Die OECD redet Deutschland schlecht« zerbröckelt, ist jedoch fraglich.

(vorausgesetzt man hat das Abitur oder Fachabitur!), werden nun zusehends im Bereich der Hochschulbildung neue Schwellen eingeführt: Ausdehnung des Numerus Clausus, Hochschuleingangsgespräche (die laut einer Empfehlung der Bertelsmann-Stiftung »CHE« zur »Selbstselektion« der Studienbewerber*innen führen soll, damit das Hochschulsystem Kosten spart, indem es sie nicht verspätet ausselektieren muss), Differenz des Studiums in Bachelor und Master (wobei die Schwelle zum Masterstudium nur ein Viertel der Bachelor-Studierenden überschreiten soll) und Studiengebühren (mit der Überlegung, »Hochbegabten« die Studiengebühren zu erlassen, wobei mit »Hochbegabten« Stipendiat*innen gemeint sind, die sich zu einem beträchtlichen Teil aus reichen Elternhäuser rekrutieren).
Mit der Einführung neuer Bildungsschwellen geht auch die Abschaffung emanzipatorischer Bildungsprojekte einher, wie die Gesamthochschulen in Hessen und NRW, die HWP in Hamburg und der demokratische Rückbau am Modellprojekt Oberstufenkolleg Bielefeld. Diese Eliminierungen wurden gegen den massiven Widerstand von einem großen Teil der Studierenden durchgeführt.
Der hier dokumentierte institutionalisierte Klassismus und die mangelnde Bereitschaft der Regierungspolitiker*innen, die Ursachen der Bildungsbenachteiligung aufgrund sozialer Herkunft zur Kenntnis zu nehmen, müsste dazu führen, soziale Herkunft als Diskriminierungsgrund endlich in die EU-Richtlinien aufzunehmen und entsprechende Gesetze auf nationaler Ebene einzuführen. Schließlich lautete 1997 die Begründung dafür, dass soziale Herkunft doch nicht als zu verbietender Diskriminierungsgrund in den Antidiskriminierungs-Richtlinien der EU aufgelistet werden soll, dass dies auf nationaler Ebene in den Einzelbereichen wie Bildung besser geregelt werden könne. Da aber die Bundesregierung und die meisten Landesregierungen seit Jahren die Diskriminierung von Arbeiter*innenkindern

und Kinder von armen Menschen im Bildungsbereich nicht einschränken und sich dagegen verwahren, Ratschläge von der EU-Kommission, von der OECD oder dem UN-Menschenrechtsbeobachter entgegenzunehmen, greift die ursprüngliche Begründung nicht mehr. Es hat den Anschein, dass die Regierungen in Deutschland nicht in der Lage oder Willens sind, die Diskriminierung von Arbeiter*innenkindern und Kindern von armen Menschen zu beenden, vor allem nicht im Bildungsbereich. Daher ist zumindest für Deutschland eine Ausweitung der EU-Antidiskriminierungs-Richtlinien um den Diskrimierungsaspekt soziale Herkunft dringend geboten. Ausgerechnet die deutsche Regierung sperrt sich jedoch gegen jede Ausweitung der EU-Richtlinien.

5.2.4 Ressourcenverteilung: Erbschaft und »Begabung«

Zunächst haben wir festgestellt, dass es nicht die Bildung an sich gibt, sondern dass die herrschenden Klassen bestimmen, was als »legitime Bildung« gilt. In einem zweiten Schritt haben wir uns den Bildungsschwellen und deren Torwächter*innen zugewandt. Wir wollen uns nun die Seite des individuellen Vermögens und der Ressourcenverteilung anschauen.

In Deutschland ist die Ressourcenverteilung in zweifacher Weise mit der »Ideologie des Erbens« verbunden. Diese Ideologie basiert auf der Idee der Vorrangstellung der Familie und auf der »Begabungsideologie«. Die deutsche Familienideologie delegiert sehr viel stärker als in anderen europäischen Ländern den Erziehungsauftrag an die Eltern, was so weit führt, dass nicht die Zeugnisnoten oder die Lehrer*innenempfehlung für den weiteren schulischen Werdegang von Grundschüler*innen entscheidend sind, sondern ausschließlich der Elternwille. Zugleich untermauert die »Begabungsideologie« dieses Elternvorrecht. Aber schauen wir uns beide Ideologien im Einzelnen an.

Die Familienideologie hat ihre Wurzeln im philosophischen Idealismus des 18. und 19. Jahrhunderts, in den Formulierungen eines Sittengesetzes, welches als naturgegeben gesehen wurde (insbesondere von Fichte formuliert). Auch heute begleitet sie uns noch bzw. wieder in aktuellen Gesetzen. Kurz nach dem Ausspruch »In Deutschland bekommen die Falschen die Kinder« eines FDP-Bundestagsabgeordneten[26] wurde die kindbezogene Sozialleistung Erziehungs(!)geld, welches den Erziehungsberechtigten von Neugeborenen in kompensatorischer Absicht zwei Jahre lang 300 Euro zusicherte, durch das Eltern(!)geld ersetzt, welches nun einkommensgestaffelt eine elternbezogene Entgeltersatzleistung darstellt. Der politische Wille ist klar: ging es vorher darum, dass der Staat für die Kleinkinder ausgleichend eingreift, macht er sich nun zum Anwalt besserverdienender Eltern.[27] Die Eigenverantwortung der Familie ist der Regierung wichtiger als die finanzielle Gleichbehandlung von Kindern. Die Ressourcenverteilung ist eben so deutlich: Einkommensarme Erziehungsberechtigte bekommen nur noch ein Jahr statt bisher zwei Jahre 300 Euro (die CDU hatte ursprünglich diesen Mindestsatz nicht vorgesehen, sondern wollte Sozialhilfebezieher*innen ganz leer ausgehen lassen). Reiche Erziehungsberechtigte, die vorher über der Einkommensgrenze gelegen hatten und daher nicht finanziell unterstützt wurden, bekommen nun bis zu 1.800 Euro monatlich. Würde man diese Politik auf die Kinder beziehen, könnte man zu dem Schluss kommen, reiche Kinder seien der Regierung sechsmal so viel wert wie arme Kinder (da bei gleicher

26 Tagesschau vom 24.01.2005: »In Deutschland bekommen die falschen die Kinder« URL: http://www.tagesschau.de/inland/meldung202404.html

27 Die Bundeskanzlerin Merkel teilte vor der Versammlung der Arbeit»geber« unmissverständlich mit, dass es beim Elterngeld nicht in erster Linie darum gehe, dass sich mehr Männer um ihre Kinder kümmern sollen. Es ginge um ein neues »Paradigma in der Familienpolitik«, es ginge darum, dass mehr Akademikerinnen Kinder bekommen sollen.

Kompetenz Akademiker*innenkinder auch eine sechsmal höhere Wahrscheinlichkeit haben zu studieren als Arbeiter*innenkinder, könnte man tatsächlich glauben, dass die einen sechsmal wichtiger sind als die anderen). Aber dies ist ein Fehlschluss: die Kinder interessieren in dieser Familienpolitik nicht, sondern nur die Familie, das (klassenspezifische) Profil der Familie ist von Belang. Die Familie habe sich um die Kinder zu kümmern und wenn dies nicht funktioniert, habe der Staat dafür zu sorgen, dass dies wieder funktioniert, jedoch habe der Staat nicht kompensatorisch in die Familie einzugreifen. Hierbei ist wesentlich, dass das Leitbild der Familie die modernisierte, heteronormative bürgerliche Familie mit gut verdienendem Ehemann (und eventuell dazu verdienender Ehefrau) ist und nicht die allein erziehende Bürgergeld-Bezieherin.
Diese Familienpolitik zeigt sich an vielen Stellen, ein weiteres aktuelles Beispiel ist die Debatte um die Erbschaftssteuer. In Deutschland werden in den nächsten Jahren mehrere Billionen Euro von einer Generation auf die nächste übergehen – natürlich äußerst ungleich verteilt. Es wird darüber hinweggegangen, dass dies ein Widerspruch zur Leistungsideologie ist, nach der man nur für Leistung Geld bekommen sollte. Ressourcen werden also innerhalb von Familien vererbt, dies ist politisch gewollt. Die Problematik des realen materiellen Vererbens wird verschwiegen und durch die vermeintliche Vererbung von Begabung legitimiert.
Diese Begabungsideologie dreht sich ebenfalls um Vererbung. Mit dem Verleugnen des Widerspruchs von Leistungsideologie und der Reichtumsvererbung geht die Beschwörung der fiktiven Begabung einher. Begabung ist als angeborenes Vermögen definiert, und bis heute werden verschiedene Ausformungen von Begabungen unterschieden, die sich auch im Schulsystem widerspiegeln: die Hauptschule für praktische Begabung, die Realschule für administrative Begabung und das Gymna-

sium für intellektuelle Begabung. Während der Begriff »Chancengleichheit« die Leistungsideologie wiedergibt und sich bestens mit diskriminierenden Benachteiligungen wie beispielsweise der Bildungsbenachteiligung vereinbaren lässt, geht er bestimmten konservativen Bildungspolitiker*innen von CDU, FDP oder inzwischen auch der SPD nicht weit genug. Es wird zunehmend von »Chancengerechtigkeit« gesprochen. „Chancengerechtigkeit« statt »Chancengleichheit«, weil »Chancengleichheit« nur darauf abhebt, dass zu bestimmten Zeitpunkten auch »Schwächeren« (»Sozialschwache« – so der klassistische Terminus) Chancen zugestanden werden sollen, mit den Privilegierten gleichziehen zu können, während »Chancengerechtigkeit« meint, dass auch den Begabteren bzw. den »Hochbegabten« das Recht zugestanden werden soll, sich von der Masse abzuheben. Chancengerechtigkeit heißt: »Begabte« Arbeiter*innenkinder sollen die Chance haben sich auf eine gute Ausbildung zuzubewegen, ebenso wie »Hochbegabten« das Recht eingeräumt wird, sich von dieser Masse wieder zu entfernen, um eine ihnen gemäße exzellente Elite-Ausbildung zu bekommen.

Die »Begabtenstipendien« sind entsprechend keine kompensatorischen Stipendien, die es ärmeren Studienberechtigten erlauben sollen zu studieren oder höhere Abschlüsse zu machen, sondern es sollen diejenigen besonders gefördert werden, die als »begabt« gelten. Tatsächlich sind ärmere Studierende unter den Begabtenstipendiat*innen unterrepräsentiert und der Trend zur Unterrepräsentanz der ärmeren Studierenden sowohl in den USA als auch in Deutschland nahm in den letzten Jahren noch zu.

Zusammengefasst stellt sich also der Bildungsklassismus folgendermaßen dar: der Zugang zur Bildung wird massiv eingeschränkt, von Büchergeldstreichungen in den Schulen, über das massive »Bibliothekensterben« (besser: »Bibliothekenvernichten«), bis hin zu Kürzungen in der Weiterbildung und der Einführung und Ausweitung von Bildungsgebühren sowie der Errichtung weiterer Bildungsschleusen, an denen Torwächter*innen eingesetzt sind, um Zugänge zu privilegieren. Auf der Erscheinungsebene zeigt sich ein größerer Bildungserfolg von Akademiker*innenkindern und dieser wird durch die alte deutsche Begabungsideologie biologisiert (»genetisch vererbte Intelligenz«), wobei der Begabungsbegriff dann nicht nur die ideologische Rechtfertigung für das klassistische Bildungssystem bietet, sondern gleichzeitig neue Privilegierungen gestattet (z.B. Gebührenbefreiung der »Hochbegabten«, staatlich gepushte »Elite«-Ausbildungen). Letzteres wird dann als »chancengerecht« bezeichnet und Arbeiter*innenkinder oder Kinder aus Armutskontexten werden gleichzeitig angehalten, doch möglichst kostensparend frühzeitig »selbstselektiv« zu werden.

5.2.5 Selbstorganisierung von Bildungsdiskriminierten

In den Vereinigten Staaten gibt es bereits seit Jahren Selbstorganisationen von Akademiker*innen bestehend aus Kindern, die aus Armutskontexten oder Arbeiter*innenfamilien. kommen[28]. In Deutschland forderte in den 1980er-Jahren unter anderem Gabriele Theling (Theling 1986) eine eigene Selbstorganisation von Arbeiter*innenkindern im deutschen Bildungssystem. Hierzu ist es lange Zeit nicht gekommen. Kinder aus Armutskontexten wurden und werden oft in diesen Forderungen und Diskussionen vergessen und unsichtbar gemacht. Während an den Universitäten autonome Gruppen von feministischen Frauen entstanden, die ihre Sache selber in die Hand nehmen wollten – und wenig später auch autonome Schwulengruppen, Lesbengruppen, Selbstorganisationen von Studierenden mit

---

28 In den Vereinigten Staaten spricht man bei Bildungsaufsteigern von Straddlern, die mit einem Bein in der aktuellen, mit dem anderen Bein in der Herkunftskultur stecken.

Behinderungen und von ausländischen Studierenden – so wurde ein Büro für die Selbstorganisation für studierende Arbeiter*innenkinder erstmals 2003 eingerichtet. Dies ist vermutlich darauf zurückzuführen, dass die autonomen Antidiskriminierungsreferate im Zuge der Neuen Sozialen Bewegungen entstanden. Das »Neue« an diesen Bewegungen war: die Politik der ersten Person, Politisierung des Alltags, Selbstvertretungsansprüche in Basisgruppen und Bürger*inneninitiativen.

Inhaltlich ging es nicht mehr um Klassenkampf, sondern um den Kampf gegen Umweltzerstörung und gegen Rassismus, Sexismus, Heterosexismus und ›Behinderten‹feindlichkeit.

Arbeiter*innenkinder und Kinder aus Armutskontexten kamen hier nicht vor. Während also die alte soziale Bewegung marxistisch und/ oder gewerkschaftlich orientiert war und mit einer autonomen Organisierung von Arbeiter*innenkindern und Kindern aus Armutskontexten im Bildungssystem politisch nichts anfangen konnte, verabschiedeten sich die Neuen Sozialen Bewegungen vom Proletariat und hätten zwar um der Autonomie willen an den Hochschulen autonome Klassen(kampf)referate begrüßt, konnten aber beim besten Willen keine Gruppe von Arbeiter*innenkindern oder Kindern aus Armutskontexten an den Hochschulen ausmachen, die qualitativ ähnliche Probleme wie weibliche, queere oder ausländische Studierende hätten.

Erst Anfang des neuen Jahrtausends wurde in Münster die erste Selbstorganisierung von studierenden Arbeiter*innenkindern als politisches Referat eingerichtet, ausgestattet mit zwei halben Stellen und einem eigenen Budget, mit dem vor allem Veranstaltungen und Tagungen zum Problem der Diskriminierung von Arbeiter*innenkindern im Bildungsbereich organisiert werden. Gewählt werden die »Referent*innen für finanziell und kulturell benachteiligte Studierende« durch eine Vollversammlung der studierenden Arbeiter*innenkinder. Inhaltlich wichtig ist ihnen eine Orientierung über die Hochschule hinweg. Die Referent*innen setzen sich für eine Schule ohne soziale Selektion ein und befassen sich beispielsweise auch mit Themen wie dem »Bibliothekensterben« in Deutschland.

Hat diese Form der Selbstorganisierung Erfolg? Festzuhalten ist, dass sie gegen erhebliche politische Widerstände durchgesetzt wurde. In Wien entstand ein zweites »Referat für finanziell und kulturell benachteiligte Studierende«, und auch in Wuppertal bewilligte das Studierendenparlament die Einrichtung dieser Stelle. Vielleicht wurde mit dem Durchbrechen dieses bürgerlichen Eises der Weg frei für weitere entsprechende Gruppen. So schreibt Ingolf Erler von der Hochschüler*innenschaft der Universität Wien: »Somit benötigte es dieses Impulses von außen, damit sich in Wien eine Arbeitsgruppe Studierender aus bildungsfernen Schichten konstituierte. [...] Mit dem Wintersemester 2005/06 wurde aus dem bisherigen Arbeitskreis neben dem Frauen-, dem HomoBiTrans- und dem Ausländer*innenreferat das vierte autonome Referat an der ÖH Uni Wien« (Erler 2007, 307) gegründet.

Anfang 2008 wurde mit »Arbeiterkind.de«[29] eine weitere Initiative von Arbeiter*innenkindern ins Leben gerufen, die weniger einen politischen als einen sehr praktischen Bezug hat. Mit der Internet-Plattform »Arbeiterkind.de« konnten innerhalb weniger Monate in 60 Hochschulstädten über 850 Mentor*innen gewonnen werden, die zumeist selber Arbeiter*innenkinder sind und nun soziale Netzwerke aufbauen, an die Schulen gehen und sich gegenseitig in Fragen von Hausarbeiten oder Stipendien unterstützen. Dieser Aufbau von Netzwerken ist sehr sinnvoll, da er zumindest ansatzweise dafür sorgt, dass Nicht-Akademiker*innenkinder auf soziale Netzwerke zurückgreifen können. Allerdings ist der Medienerfolg

29 URL:http:www.arbeiterkind.de

dieser Gruppe nicht nur darauf zurückzuführen, dass die Initiatorin über eine große Medienkompetenz verfügt, sondern eher noch der Tatsache geschuldet, dass »Arbeiterkind.de« bislang jede politische Positionierung vermeidet. Nicht einmal die ganz basalen Rechte von Nicht-Akademiker*innenkindern werden eingefordert. Man stelle sich Schwulen- oder Lesbenverbände vor, die sich weigern, zu bestimmten Fragen wie beispielsweise der Lebenspartnerschaft, Stellungnahmen herauszugeben. Dass eine bundesweite Organisierung von Arbeiter*innenkindern in Deutschland nur unter der Maßgabe geschehen kann, dass sie strikt unpolitisch ist und sich nicht als politische Lobby für Arbeiter*innenkinder begreift, macht den unterschwelligen Klassismus der Medien deutlich, die politische Selbstorganisationen als Atavismen ignorieren. Kinder aus Armutskontexten werden bereits im Titel der Initiative unsichtbar gemacht.

5.3. Arbeit

Wenn heute viele Politiker*innen und politisch Aktive davon sprechen, dass es nicht nur um soziale Gerechtigkeit im ökonomischen Sinne geht, sondern auch um Bildungszugänge und Chancengerechtigkeiten bezüglich des Zugangs zu Berufen, so entspricht dies nicht den Vorstellungen, die in den Widerstandsformen in der Tradition der internationalen Arbeiter*innen- und Armenbewegungen deutlich wurden. Denn eine Einpassung in das normative System derjenigen Schichten, die mehrheitlich die Schlüsselfunktionen in Politik, Wirtschaft und Kultur besetzen, funktioniert schon allein deshalb nicht, weil diese sogenannten Eliten die Tendenz haben, sich selbst zu reproduzieren und ihr eigenes System stabil zu halten. Punktuell wird hier Andersheit zugelassen, generell geht diese nie über 5-10 Prozent hinaus. Das Wissen um Ausbeutung und Unterdrückung sowie um die Illusionen von sogenannten Aufstiegsversprechen lassen Arbeiter*innen und Arme immer wieder grundsätzlich produktive, kritische Positionen gegenüber Arbeit, Arbeitsethik und Leistungsmythen einnehmen.

5.3.1 Das Recht auf Faulheit

Rosa Luxemburg, Karl Marx, Eduard Bernstein u.v.a sind bekannte, autoritative Bezugsgrößen unterschiedlicher Strömungen der Arbeiter*innenbewegung geworden. Paul Lafargue hingegen ist auch heute nicht vielen bekannt oder gar eine wichtige theoretische Bezugsperson. Lafargue war zwar der Schwiegersohn von Karl Marx, hatte aber einen ganz anderen Hintergrund und eine andere Denkrichtung. Aus heutiger Sicht kann Paul Lafargue als historischer Vorläufer der Social Justice-Bewegungen und der Theorien von Intersektionalität, dem Ineinandergreifen und der Notwendigkeit der Thematisierung verschiedener Diskriminierungsformen, gelten. Aus Kuba stammend gehörte er zu den nach Frankreich immigrierten »People of Color«. In der Arbeiter*innenbewegung wurde er immer wieder mit Rassismus aufgrund seiner Hautfarbe konfrontiert und hat das sehr radikal thematisiert. Ebenso engagierte er sich für die Frauenfrage und gegen den Besitzgedanken in der Ehe und Liebe. In seinem Buch »Das Recht auf Faulheit« beschimpft er, nicht frei von Klassismus, durchaus auch die europäischen Arbeiter*innen wegen ihrer Unterwerfung unter das Arbeitssystem und ihrem Glaube an die Sinnhaftigkeit von möglichst vielem Arbeiten. Statt dessen zeigt Paul Lafargue an vielen Quellen, insbesondere auch von unterschiedlichen Völkern, die Sinnhaftigkeit von Muße und entspannter, ausgeglichener Arbeit. Drei Stunden am Tag seien genug und der Rest solle anders verbracht werden, so Lafargue. Er beschreibt sehr drastisch den Wahnsinn von zehn- bis zwölfstündigem Arbeiten, die Folgen für Gesundheit, Lebensweise und Profitmaximierung. Er kritisiert die europäische Arbeitsethik, in der Arbeit und Arbeitseifer als hoher Wert gelten und die Faulheit so negativ bewertet wird, dass Menschen in Arbeitshäuser gesperrt wurden und Kinder zu »vierzehnstündiger Zwangsarbeit« in Fabriken »verdammt« wurden. Unter dem Mantel der Steigerung des »Nationalreichtums« ginge es tatsächlich um Ausbeutung und Bereicherung. Er kritisiert auch das Hineintragen der Arbeitsethik in die kolonialisierten Völker. Das Bitten um Arbeit ist bei Lafargue ein Akt der Entwürdigung und Herabsetzung. Damit vermittelt Lafargue einen wichtigen Aspekt von Klassismus, wie ihn auch heute noch Menschen in den Bewerbungs- und Einstellungsverfahren erfahren. Dabei überschneiden sich hier auch rassistische, sexistische, heterosexistische u.a. Diskriminierungserfahrungen, die Menschen erleben, weil sie um Arbeit ersuchen und sich in diesen Zwangsverfahren von Auswahl und Selektion bewegen müssen. Kritik an Arbeit, Arbeitszeit, Arbeitsformen, Verfahren zum Erlangen von Arbeit u.a. hat also eine lange Tradition in der Arbeiter*innenbewegung.

Die Arbeiter*innenbewegungen hatten und haben jedoch ein ambivalentes Verhältnis zur Arbeit. Einerseits war Arbeit notwendig zur Absicherung der Reproduktion und der materiellen Bedürfnisbefriedigung, gleichzeitig waren die Bedingungen der Arbeit jedoch auch immer Gegenstand der Kritik und zwar auf allen Ebenen: hinsichtlich Zeit, Bezahlung, Schwere, Unzumutbarkeit, Ausbeutung, Herabsetzungen durch Vorgesetzte oder durch Ämter etc. Diese ambivalente und kritische Haltung gegenüber Arbeit stellt die Arbeiter*innen, Armen, Arbeitslosen dann auch immer unter staatlichen Verdacht, nämlich »arbeitsscheu«, »faul« zu sein, »ein bequemes Leben haben zu wollen«, »bei jeder Gelegenheit zu streiken, weil sie nie genug bekommen könnten«. Klassismus trifft die Arbeiter*innen also sowohl aufgrund ihrer Arbeitstätigkeit und der Bewertung derselben als auch aufgrund ihres kritischen Verhältnisses zur ihrer eigenen Arbeit und Ausbeutung. Die Kritik der Arbeiter*innen an der Arbeit ist eine beständige Konfrontation und Erinnerung daran, dass das System der Arbeit und Produktion eine kapitalistische Konstruktion ist, die sich anders denken, vollständig verschieben und verändern lässt. Die ökonomische Betrachtung von Arbeit suggeriert, Arbeit würde unterschiedlich entlohnt, weil dahinter unterschiedliche Qualifikationen, Ausbildungen und Stellungen im Produktionsprozess stehen. Tatsächlich ist aber die Bewertung von Arbeit, sowohl in Form von Geld als Lohn als auch in ihrer ideellen Bewertungsform als sozialer Status, eine Konstruktion, die dazu dient, Macht von Menschen über Menschen herzustellen und aufrechtzuerhalten. Es gibt faktisch keinen Grund dafür, warum nicht eine Ärztin das gleiche verdienen sollte wie z.B. ein Müllwerker, beide leisten unterschiedliche, aber gleichwertige Arbeit für die Gesundheit von Menschen. Tatsächlich aber werden über erfundene Entlohnungssysteme und Bewertungsskalen Hierarchien zwischen Menschen hergestellt und Machtverhältnisse stabilisiert.

5.3.2 »Gast«arbeiter*innen

Die Geschichte der »Gast«arbeiter*innenpolitik in der Bundesrepublik ist unter dem Aspekt von Klassismus kaum untersucht worden. Maria do Mar Castro Varela thematisiert als eine der Wenigen diese grundsätzlich schon diskriminierende Politik, Menschen auf Zeit zum Arbeiten in ein Land zu holen, um sie dann bei Bedarf durch neue, »unverbrauchte« Menschen zu ersetzen. Diesem inhumanen Menschenbild entsprechend wurden dann auch »Gastarbeiter*innen« in der Bundesrepublik wie auch in der ehemaligen DDR mit unmenschlichen Herabwürdigungen konfrontiert:

»Während der Anwerbephase werden zahlreiche Maßnahmen ergriffen, um den Kontakt zur deutschen Bevöl-

kerung zu erschweren oder unmöglich zu machen. Da die ›Gastarbeiterin‹ als ›sittlich‹ besonders gefährdet galt [...], bemühten sich die kirchlichen Wohlfahrtsverbände um eine möglichst intensive fürsorgliche Betreuung (Mattes 1999: 290). Zuvor hatten die Migrantinnen bereits in den Herkunftsländern gesundheitliche Untersuchungen über sich ergehen lassen müssen, bei denen überprüft wurde, ob diese gesund und ›arbeitstauglich‹ sind. Mathilde Jamin zitiert in ihrem Artikel das Bundesinnenministerium, welches für die Anwerbung türkischer Arbeitnehmer verlangte, dass die medizinische Untersuchung nicht nur ›Arbeitsverwendungsfähigkeit‹ überprüfte, sondern auch ›zum Schutz der Bevölkerung aus seuchenhygienischen [!] Gründen vorgenommen wird‹ (Jamin 1999: 148)« (Castro Varela 2003: 15).

Ungefähr 25% der »Gastarbeiter*innen« waren Frauen, die schlecht bezahlte und unbeliebte Arbeitsstellen von deutschen Frauen einnehmen durften: »Migrantinnen funktionierten gewissermaßen als Katalysatoren für die Emanzipation und berufliche Besserstellung bundesdeutscher Frauen« (ebd.: 17).

Die DDR verstand sich in keiner Weise als Einwanderungsland (Elsner/Elsner 1994). Vertragsarbeiter*innen wurden als Andere, über die verfügt werden kann, behandelt. So wurden vietnamesische Arbeiterinnen darauf hingewiesen, dass Schwangerschaft und Mutterschaft mit ihrem Auftrag nicht vereinbar seien. Solche Reglementierungen waren vertraglich festgehalten (Krüger-Potratz 1991: 204). Im Falle einer Schwangerschaft wurden die Frauen ausgewiesen (ebd.: 179). Tägliche Diskriminierungen und Ausgrenzungen von »Gast«arbeiter*innen im Alltag der Bundesrepublik und der DDR sind bislang nur begrenzt und unzureichend dokumentiert und aufgeschrieben. Hier gibt es noch viele Geschichten, die erzählt werden wollen.

5.3.3 Arbeitslose, Bürgergeld-Bezieher*innen, Arme

Es gibt in der Bundesrepublik eine Vielfalt an Social-Justice-nahen Arbeitsweisen und Projekten. Die »Wahlalternative Arbeit und Soziale Gerechtigkeit« z.B. hat vor einiger Zeit einen Flyer herausgegeben und damit eine kleine Kampagne gegen die Diskriminierung von Arbeitslosen und Sozialhilfebezieher*innen gestartet. Der Flyer trägt den Titel: »Parasiten. Aus Opfern sollen Täter werden«. In einem ersten Teil des Flyers wird auf Hintergründe der Bezeichnungen »Sozialschmarotzer«, »Parasiten« und »Abzocker«, eingegangen. Es wird sich gegen den »Rufmord gegen Arbeitslose, Sozialhilfebezieher*innen« gewehrt. Im Flyer jedoch werden dann nur noch ökonomische Fakten präsentiert, die gewissermaßen belegen sollen, dass Arbeitslose und Sozialhilfeempfänger eben keine »Schmarotzer« sind. Auch die Forderungen beziehen sich ausschließlich auf ökonomische Faktoren. Es erfolgt keine Forderung nach respektvoller Behandlung, danach in der politischen Kommunikationskultur jede Art von Herabsetzung von Menschen und Menschengruppen zu unterlassen, nach einer humanen, toleranten Sprache und Kultur etc. In gewisser Weise gehen die Inhalte des Flyers und damit der Kampagne also am Zentralen vorbei. Es wird nicht wirklich ernst genommen, dass eine Beleidigung und Herabsetzung und die Verwendung historisch tief verwurzelter Stereotype vollkommen inakzeptabel sind, egal wer und in welcher Situation auch immer so bezeichnet wird. Dass eine solche Sichtweise dringend notwendig ist, zeigen mittlerweile erschienene Arbeiten, in denen die Diskriminierung von Arbeitslosen und Armen thematisiert wird. Robert Friedrich und Daniel Pilgrim (2006) beschreiben detailliert, wie stereotype Herabsetzungen von Arbeitslosen, z.B. der Selbstverschuldungsvorwurf, die Zuschreibung von Dummheit und Unterqualifizierung, die Zuschreibung Faulheit/Schmarotzer, die Unterstellung Lügner/Betrüger, die

Zuschreibung Asozialität, die Unterstellung Mangel an Selbstkontrolle/Eigenverantwortung sowie die Zuschreibung Sicherheitsrisiko, institutionell (durch Gesetze, Kontrollmaßnahmen, Politik u.a.), individuell (durch persönliche Handlungen im Freundes- oder Familienkreis) sowie kulturell (durch die verschiedenen Medien) hergestellt und gefestigt werden (Friedrich/Pilgrim 2006). Sie kommen zu dem Fazit:

»Arbeitslose sind als ›Gemeinschaftsfremde‹, ›Faule‹ und nicht zuletzt ›Kriminelle‹ willkommenes Gegenbild einer Ordnung, wie sie im Konzept der Erwerbsarbeit verkörpert ist – einem Konzept, dass mit Strukturkrise, Prekarisierungs- und Modernisierungsprozessen an seine eigenen Grenzen stößt. Die von uns gesammelten Vorurteile und ihre Präsenz auf den verschiedenen gesellschaftlichen Ebenen [...], machen neben einer Vielgestaltigkeit von Vorwürfen gegen Arbeitslose auch die Vehemenz und die z.T. aggressiven Haltungen klar, mit der soziale Ungleichheiten behauptet und verteidigt werden« (ebd. 99).

5.3.4 Leiharbeiter*innen

Bereits der Begriff ist klassistisch. Menschen können nicht verliehen werden, bzw. Menschen sollten nicht als Gegenstände behandelt werden, die man verleihen kann. An dieser Stelle würde es den Rahmen sprengen, eine ausführliche Kritik an der Praxis der Leiharbeit zu unternehmen. Daher sei hier nur kurz darauf verwiesen, dass Leiharbeit zunehmend die »Normalarbeitsverhältnisse« außer Kraft setzt. War Leiharbeit bis in die 1990er-Jahre hinein die Ausnahme, existieren inzwischen Betriebe, wo von eintausend Beschäftigten nur diejenigen festangestellt sind, die über Weisungsbefugnisse verfügen, während alle Arbeiter*innen nur als Zeitarbeiter*innen und Leiharbeiter*innen arbeiten. Der Lohn liegt oftmals deutlich unter 7 Euro, die tägliche Arbeitszeit beträgt häufig 11 Stunden (10 Stunden + 50 Minuten Pause), Überstunden werden sehr spät ausgezahlt, die Wochenarbeitszeit liegt des Öfteren bei 50 oder mehr Stunden. Wer krank wird, dem wird nahe gelegt, so etwas nicht noch einmal zu machen. Eine Organisierung über den Betriebsrat ist kaum möglich, weil man sechs Monate in einem Betrieb gearbeitet haben muss, um sich als Betriebsrat aufstellen zu können – solange arbeiten aber nur die wenigsten Zeitarbeiter*innen im selben Betrieb. Noch stärker als »Normalarbeiter*innen« wird Zeitarbeiter*innen unterstellt, sie würden nicht motiviert arbeiten. Die Praxis der Zeitarbeiter*innen führt nicht nur zu immer mehr Menschen, die zu den »Working Poor« gehören, also arm sind, obwohl sie arbeiten, sondern vermehrt auch die Gratifikationskrisen der einzelnen Arbeiter*innen, denen die Anerkennung (Gratifikation) für ihre Arbeit noch mehr verweigert wird als fest angestellten Arbeiter*innen.

5.3.5 Hausarbeiter*innen

In den 1990er-Jahren wurde parallel zum neuen Klassenbewusstsein finanziell Privilegierter die Hausarbeiter*innen-Thematik »entmoralisiert«. Dies schlug sich in Steuererleichterungen für die Beschäftigung von Hausarbeiter*innen nieder, aber auch im literarischen Diskurs. Florian Illies, der in »Generation Golf« das Lebensgefühl einer Gruppe in den 1990ern beschreibt, konstatiert: »Dankbar war man auch, als Kracht und Stuckrad-Barre als erste Generationsgenossen zugaben, eine Putzfrau zu haben. Da ging ein Ruck durchs junge Deutschland. Ich wollte ja auch immer, hatte mich nur nie getraut, weil ich dachte, das macht man nicht...« (Illies 2001, S. 156)

Formen von Dienstleistungen wie Hausarbeit stehen in einer langen Tradition des Sklav*innen- und Dienstbotentums in der Geschichte der Menschheit. Wo immer wir in die Tiefe gehen, stoßen wir auf hierarchisch strukturierte Systeme der Auf- und Abwertung von Arbeit, verbunden mit Gesten, die diese Macht zum Ausdruck bringen. Wenn heute Hausarbeiter*innen Wäsche waschen, die Wohnung sauber halten, kochen, den Garten pflegen etc., dann tun sie das in der Regel für Personen, die deutlich mehr verdienen und sich sehr viel mehr an Konsum und Lebensmöglichkeiten leisten können als die Hausarbeiter*innen. Diejenigen, die Hausarbeiter*innen beschäftigen, häufig in ungesicherten, illegalisierten Arbeits- und damit ungeschützten Abhängigkeitsverhältnissen, unterstellen mit dieser Geste, ihre eigene Arbeit und Zeit seien deutlich wertvoller und höher zu bewerten: »›Quality Time‹ ist das neue Zauberwort und die verbringt mensch nicht mit Schmutzbeseitigung« (Anderson 2006, 7). Um dies zu rechtfertigen, ist oft die Rede davon, dass man den Menschen Gutes täte, damit sie überhaupt überleben könnten, dass sie ihnen ja vieles schenken würden (Kleider, Spielzeug), dass sie ihnen ermöglichten, Geld an ihre Familien zu schicken, und dass sie sich in ihrem Herkunftsland dann ein Luxusleben von diesem Geld aufbauen könnten etc. Der Gestus ist dabei sehr oft ein herrschaftsförmiger, paternalistischer, in dem selten ein Bezug auf das strukturelle Machtverhältnis hergestellt wird. Wer den Wunsch hat, Menschen zu unterstützen und Solidarität herzustellen, könnte ja auch, wie es die frühen antiklassistischen Feministinnen vorgeschlagen haben, seinen/ihren Besitz teilen, Räume zur Verfügung stellen und/oder politisch aktiv sein.

Die »schmutzige Arbeit« wird nicht von irgendwelchen Frauen in »Live-in-« (Hausarbeiter*in wohnt in der Familie) oder »Live-out«-Arbeitsverhältnissen (Hausarbeiter*innen kommen ins Haus und arbeiten häufig für mehrere Haushalte) erledigt, sondern von Migrant*innen, armen und alten oder sehr jungen Frauen oder auch Männern (ebd. 8f.). Dabei sind die Arbeitsbedingungen der meisten Hausarbeiter*innen auf vielen Ebenen durch massive Ausbeutung gekennzeichnet:

*»Kein Wunder, denn seit 150 Jahren haben Hausarbeiterinnen weltweit die gleichen Beschwerden gegen ihre Arbeitgeber*innen und Arbeitsbedingungen: Lange Arbeitszeiten und ständige Verfügbarkeit, schlechte oder gar keine Bezahlung, unzureichende Unterbringung im Arbeitgeber*innenhaushalt, respektlose und demütigende Behandlungen, rassistische und sexistische Übergriffe und Diskriminierung, Zwang zu Unterordnung und Gehorsam, Isolation und Einsamkeit und nur begrenzte Möglichkeiten der Gegenwehr« (ebd.., 15).*

Immerhin ist es gerade mal hundert Jahre her, dass das Züchtigungsrecht gegenüber Dienstbot*innen und die Gesindeordnung mit ihren Erziehungs- und Aufsichtsrechten gegenüber Dienstbot*innen abgeschafft wurden (ebd.). Anderson beschreibt die Arbeitsverhältnisse von Hausarbeiter*innen als strukturelle Herrschafts- und Machtverhältnisse, in denen ökonomische Aspekte eine immer größere Rolle spielen. Mit der Beschäftigung von Hausarbeiter*innen geht es auch um die Herstellung einer Differenzlinie entlang von Statusfragen:

»Die Hausarbeiterin – egal ob ›Putzfrau‹, ›Kindermädchen‹ oder ›Dienstbotin‹– erfüllt eine Rolle, und entscheidend an dieser Rolle ist, dass sie den Status der Arbeitgeberin (Mittelschicht, Nicht-Arbeiterin, sauber) im Gegensatz zu ihrem eigenen (Arbeiterin, untergeben, schmutzig) reproduziert« (ebd. 22).

Dabei geht es nicht einfach nur um die Herstellung von beispielsweise »Sauberkeit«, sondern um die Aufrechterhaltung und Reproduktion von Mittelschichtsnormen, also einer bestimmten Form von Sauberkeit, Ordnung, Luxus, Ästhetik. Die Privatheit der Arbeit sowohl in Live-in- als auch in Live-out-Arbeitsverhältnissen schafft besondere Voraussetzungen für Willkür und Machtausübung: »Was die Stellung der Hausarbeiterin unter dem Gesichtspunkt der Arbeit besonders macht, ist erstens ihre Rolle im Haushalt und zweitens die Tatsache, dass sie im Haus nicht über Macht und Autorität verfügt. Da sie ihre Aufgaben nicht selbst beschränken kann, verstärkt sie ihre Rolle als Frau für die ›Schmutzarbeit‹: ›Zu meiner Überraschung musste ich den Hund nachts um 0:30 ausführen und danach musste ich den Hintern des Hundes waschen, wenn er gekackt hatte‹ (Lourdes, Philippinin, die in den Niederlanden arbeitet)« (ebd.). Hausarbeiter*innen unterliegen also weltweit nicht nur ökonomischen Ausbeutungsverhältnissen, sondern, wie Selbsthilfenetzwerke (ebd.: 266ff.) zeigen, auch sehr oft Aberkennungs-, Verachtungs- und Gewaltstrukturen. Als Illegalisierte sind sie oft für die offizielle Gesellschaft unsichtbar, während ihre prekäre, durch politische Verhältnisse verursachte Aufenthaltssituation ausgenutzt wird oder ihnen stereotyp unterstellt wird, »sie wollten die sozialen Systeme ausbeuten«.

5.3.6 Diversity

»Managing Diversity« gilt in der freien Wirtschaft als ein Instrument zur Steigerung der Produktivkraft Arbeit. Dabei wird der Gedanke zugrunde gelegt, dass Verschiedenheit von Menschen aufgrund von Hautfarbe, sexueller Orientierung, Religion, ›Behinderung‹ oder Alter nützlich sein kann, um neue Kund*innengruppen zu erschließen oder bestehende Kund*innengruppen besser zu bedienen oder bestimmte Arbeiten im Betrieb effizienter zu verrichten. Die Identitäten der Menschen werden also nicht politisch oder individuell betrachtet, sondern als ökonomische Ressource. Dies bringt zwar für die Einzelnen und auch für die Akzeptanz von Gruppen durchaus Vorteile und Antidiskriminierungseffekte mit sich, lässt aber die politisch-strukturellen Dimensionen außen vor. In diesem Ansatz spielt bislang »soziale Herkunft« keine

Rolle. Ebenso kommt Klasse als Aspekt nicht vor. Denn im Gegenteil geht es darum, die Hierarchien zwischen Manager*innen und anderen Mitarbeiter*innen aufrechtzuerhalten. Dies wird ausdrücklich immer wieder formuliert und als Wert gesetzt. Der Klassismus, der damit verbunden ist und auf verschiedenen Ebenen wirksam wird, ist kein Thema. Allerdings steht die politische Diversitydebatte in der Bundesrepublik erst am Anfang und wird als politischer Ansatz von Gudrun Perko, Leah C. Czollek oder Paul Mecheril vertreten:

»Mit einem politisierten Diversity, das der Profitmaximierung enthoben ist, wird hier ein gesellschaftliches Phänomen und eine Praxis beschrieben, in der es um die Veränderung homogener Institutionen und Praxen hin zur Verschiedenheit, Vielfalt, Heterogenität in seiner Komplexität geht. Inhaltlich setzt diese Vorstellung bei bestehenden Gesellschaftsanalysen an und nimmt jene Ansätze auf, denen es um die Aufhebung von Hierarchien und Teilung der Gesellschaft in Macht und Nicht-Macht, in Chancen-Haben und Chancen-Nicht-Haben etc. geht« (Czollek/Perko 2007).

Was könnte es also bedeuten, wenn der Aspekt »Klasse« in Diversitykonzepte einbezogen würde? Diversity, die den Aspekt »Klasse« mit einbezieht, könnte die Vielfalt und die grundsätzliche Gleichwertigkeit der Fähigkeiten der Menschen thematisieren. Diversity in der Gesellschaft würde dann bedeuten, dass alle Menschen optimale Entfaltungsmöglichkeiten für ihre Fähigkeiten und Interessen erhalten, auch unter der Berücksichtigung, dass sich Fähigkeiten und Interessen verändern. Wenn Arbeit und Tätigkeiten unterschiedlicher Art als Vielfalt und damit als pluraler Reichtum für die Gesellschaft begriffen werden, bedarf es keiner unterschiedlichen Entlohnung mehr, keiner Höherbewertung oder Niedrigerbewertung irgendeiner Arbeit oder Tätigkeit. Möglicherweise bedeutet dies auch die Realisierung einer solidarischen Gesellschaft ohne den Faktor Geld oder Entlohnung. Wo der Mensch als am Menschen interessiert und auf ihn bezogen gedacht wird, entstehen andere Wert- und Bewertungssysteme als unter den Bedingungen von Konkurrenz, Strafe, Kontrolle, Bewertung, Leistungsdruck, Hierarchien. Klasse in Diversityüberlegungen einzubeziehen, zeigt also einen von vielen Wegen in eine plurale, solidarische Gesellschaft.

5.4 Zusammenleben: »Arbeiter*innensexualität«, Beziehungs- und Familienstrukturen

Der Bereich den wir »Zusammenleben« genannt haben, umfasst verschiedene Ebenen von Klassismus. In der Sexualität, in Beziehungen und in der Familienpolitik werden Formen von Klassenzuschreibungen und Klassenausgrenzungen praktiziert. Der Philosoph Michel Foucault spricht in diesem Zusammenhang von »Biomacht«, der Macht der Herrschenden mittels einer Bevölkerungspolitik, die die intimsten Bereiche von Sexualität mit nationalistischer Interessenpolitik zusammenführt. Wer mit wem wie zusammenlebt, dass ist unter anderem Ergebnis einer »klassendisziplinären Macht« (Leeb 2007, 78).

Allerdings wurde bislang der Foucaultsche Machtbegriff kaum auf klassenspezifische Vorurteile und Ungleichheiten bezogen, sondern sehr viel stärker auf Rassismus und Sexismus.

5.4.1 »Arbeiter*innensexualität«

Die Sexualität der Arbeiter*innen wird oft als abweichende, nicht den herrschenden Normen entsprechende Sexualität betrachtet, obschon sie nicht als etwas Einheitliches konstruiert wird.

Sie gilt als »obszön«, »direkt«, »frühreif«, »schmutzig«, »auf Spannungsabfuhr ausgerichtet« und »auf das Ge-

schlechtliche reduziert«. Untersuchungen zur Arbeiter*innensexualität wollten zudem starke Unterschiede zwischen Männern und Frauen in der Arbeiter*innenklasse festgestellt haben. Während der Arbeiter mit seiner Sexualität prahle und sich »prollig« (!) verhalte, galt die Arbeiterin als prüde und an der Sexualität von Männern orientiert. In beiden Fällen aber galt ihre Sexualität als etwas besonderes und als besonders unterentwickelt.
In den 1960er- und 1970er-Jahren wurden einige Untersuchungen zur »Arbeitersexualität« durchgeführt. Jedoch waren die Methoden der Erhebung fraglich. Betrachten wir beispielweise die empirische Untersuchung »Arbeiter-Sexualität« des Instituts für Sozialforschung der Universität Hamburg von 1968/69, dann wird deutlich, dass eine Reflexion des Interview-Settings nötig gewesen wäre, aber nicht vorkam. So waren beispielsweise alle Interviewer männliche Studenten der Sozialwissenschaften und der Psychologie in höheren Semestern. Die Interviewten hingegen waren ledige an- oder ungelernte Fabrikarbeiterinnen zwischen 20 und 21 Jahren, zur Hälfte weiblich und männlich. (Sigusch 1971, 31ff). Siguschs Studie fußt gewissermaßen auf klassistischen Stereotypen, ebenso wie die Studien aus den USA, auf die er sich positiv bezieht: »In der Unterschicht finden wir also eine besonders rigide Differenzierung sexueller Geschlechtsrollen (und damit verbunden eine extreme Doppelmoral). Dies entspricht den Sozialisierungspraktiken: Kinder der Unterschicht werden sehr viel ausgeprägter geschlechtstypisch sozialisiert als die Kinder der Mittelschicht und identifizieren sich viel früher mit den traditionellen Geschlechterrollen« (Sigusch 1971, 17). Eine Studie von Schlösser zum Freizeitverhalten von Arbeiter*innen kommt bezüglich der Geschlechterrollen 1981 zu ganz anderen Ergebnissen:

»Die Auffassung von der Rolle der Frau beispielsweise oder die Einstellung zu den Kindern, die sich in Formen

der Beziehung, dem Umgang miteinander, der Übernahme ehemals traditioneller Frauenarbeiten usw. verhaltensrelevant äußern, zeigen eine gewisse Abkehr von überkommenen Vorstellungen. Vor allem bei jüngeren Arbeitern wird das Verhältnis partnerschaftlicher und spielt die intensive Beschäftigung mit den Kindern eine erstaunliche Rolle« (Schlösser 1981, 162).

Zugleich ist zu hinterfragen, warum denn bestimmte Formen von Sexualität als gut und andere als schlecht gelten. Ähnlich wie im Bereich der Bildung wird Sexualität bürgerlich definiert. In »Sexualität und Wahrheit« argumentiert Foucault entsprechend gegen Wilhelm Reich. Wilhelm Reich hatte die These der »Sexualökonomie« entwickelt und ging davon aus, dass es eine Unterdrükkung von Sexualität gäbe, die dazu diene, den Arbeiter willfährig und arbeitsam zu halten. Foucault hingegen stellte nicht die Unterdrückung der Sexualität als ein bürgerlich-kapitalistisches Instrument in den Mittelpunkt seiner Philosophie, sondern die Etablierung von Sexualität, die Erfindung der Sexualität, wie wir sie kennen, als ein bürgerliches Projekt. Hiernach werden mit klassenspezifischen Sexualitäten klassenspezifische Körper hergestellt. Wir müssten davon ausgehen, so Foucault, dass es »Klassenkörper« gebe.
Neoliberale Politiken knüpfen an liberale Traditionen an und sprechen sich unter dem Label sexueller Freiheit für die Freiheit von Pornografie und Prostitution aus. Machtverhältnisse kommen dabei entweder nicht zur Sprache oder werden als Erotikon vermeintlich sexueller Freiheit integriert. Sowohl hinter Pornografie als auch hinter Sexarbeit stehen gesellschaftliche Produktionsverhältnisse, in denen Frauen, und auch Männer ausgebeutet werden. Diese Ausbeutung vollzieht sich entlang klassistischer Linien. Der Besitzer eines Berliner Bordells antwortete in einem Radiointerview auf die Frage, ob er sich auch vorstellen könne, dass seine Töchter als

Prostituierte arbeiteten: »Nein, die sind in einem anderen Milieu aufgewachsen.« Sexarbeiter*innen weltweit kommen nicht aus sozialen Verhältnissen, die ihnen ein gutes, abgesichertes Leben versprechen. Die meisten Sexarbeiter*innen möchten diesen Job gerne aufgeben. Zugleich ist diese Arbeit gesellschaftlich stigmatisiert, die meisten Sexarbeiter*innen halten ihre Tätigkeit gegenüber ihrem Umfeld geheim. Die Frage der Prostitution hat die Arbeiter*innenbewegung von Beginn an beschäftigt und ihr Engagement auf den Plan gerufen. Dabei zeichnete sie sich dadurch aus, zum einen die Frauen nicht verantwortlich zu machen, zum anderen die sozialen Verhältnisse massiv zu kritisieren, die die Frauen in diese Situation bringen. Diese Kopplung scheint heute manchmal zu kurz zu kommen. Nutzer*innen von sexuellen Dienstleistungen sowie von Pornografie kommen aus allen sozialen Schichten. Dies stellt mittlerweile niemand mehr in Frage. Das bedeutet aber auch, dass alle diese Nutzer*innen die Ausbeutungsverhältnisse, die mit Prostitution und Pornoindustrie einhergehen, unterstützen und damit zur Aufrechterhaltung beitragen. Dies trifft auf diese Bereiche genauso zu, wie auf andere Arbeitsbereiche: Auch hier unterstützen Käufer*innen das System der Ausbeutung, zum Beispiel in der Bekleidungsindustrie, indem sie durch Kinderarbeit oder unter hochgiftigen Bedingungen hergestellte Kleidung kaufen und sich nicht für Alternativen politisch engagieren. Da auch diese Arbeit ebenso wie Pornoindustrie und Sexarbeit klassistisch entlang von Machtverhältnissen strukturiert ist, wird Klassismus damit aufrechterhalten. Sexarbeiter*innen und Pornodarsteller*innen (wenn sie nicht zu Stars werden, was in der Regel nicht Fall ist) werden als Deklassierte behandelt. Arbeiter*innen wird, wie auch die aktuelle »Unterschicht«debatte zeigt, nach wie vor hohe sexuelle Aktivität zugeschrieben, was heute an der Anzahl der Kinder abgelesen wird oder auch an einem zugeschriebenen freizügigen Umgang mit Por-

nografie. In diesem Zusammenhang initiierte das Magazin »Stern« im Frühjahr 2008 eine Medienkampagne über die »Sexuelle Verwahrlosung« der »Unterschicht«. Sozialarbeiter*innen und Kriminolog*innen konnten Stories über Eltern liefern, die in bestimmten Vierteln gemeinsam mit ihren Kindern Pornos schauten; darüber, dass bereits Neunjährige regelmäßig Pornofilme schauten; dass diese Kinder über keine Medienkompetenz verfügten und das dort geschaute 1:1 nachspielten. Außerdem wäre bei Jugendlichen aus der »Unterschicht« auffällig, dass sie sich nicht mehr küssten, sondern nur noch emotionslos Sex praktizierten.
Zeitungsartikel und Fernsehberichte über die »sexuelle Verwahrlosung der Unterschicht« folgten. Seriöse Untersuchungen hierüber gibt es allerdings nicht. Zumindest nicht in Deutschland. Sigusch zufolge ist die letzte Untersuchung zum Pornokonsum so alt, dass sie sich auf die Auswertung von Dias stützte, da es noch keine Videofilme als Massenkonsumartikel gab. Greift man hingegen auf eine jüngere skandinavische Untersuchung über den Pornografiekonsum von Heranwachsenden zurück, dann relativiert sich das Bild sehr stark: Tatsächlich habe ein enormer Anstieg des Pornografiekonsums unter Jugendlichen beiderlei Geschlechts stattgefunden. Allerdings ist in dieser Studie weder die Rede von einem Unterschichtenproblem noch von einer 1:1-Umsetzung. Die Jugendlichen verarbeiteten die Inhalte, indem sie darüber untereinander kommunizierten. Es konnte allerdings eine leichte Verstärkung von Geschlechterrollen festgestellt werden.
Dass Arbeiter*innen eine zügellose Sexualität und mangelnde Triebkontrolle zugeschrieben wird, hat jedoch auch noch andere Hintergründe, nämlich das Eintreten von Teilen der Arbeiter*innenbewegung für sexuelle Reformen in der Geschichte der Arbeiter*innenbewegung: das Eintreten für das Recht auf Abtreibung, für Sexualaufklärung ,für Verhütungsmittel, für den Schutz von

Prostituierten; für die FKK-Bewegung, für lesbische und schwule Lebensweisen, für freie Liebe u.a. Diese Kulturen des Libertären waren insbesondere in jenen Arbeiter*innenkulturbewegungen verbreitet, die sich als Freidenker*innen bzw. Freireligiöse verstanden und Liebe und Sexualität nicht mit Zwang, Sünde und Strafe verbanden, sondern mit Lust, freier Entscheidungund dem Fehlen von Ausbeutungsverhältnissen.

5.4.2 Beziehungen

Auch der Bereich der Beziehungen ist nicht frei von Klassismen. Homogamie (Ehe zwischen Gleichen) ist der soziologische Begriff dafür, dass Menschen mit ähnlicher sozialer Herkunft sehr viel häufiger Beziehungen eingehen als Menschen mit unterschiedlicher sozialer Herkunft. Er ist genau genommen der soziologische Begriff für das Heiraten innerhalb desselben Klassenmilieus. Aber auch uneheliche Partnerschaften innerhalb desselben Milieus fallen unter diesen Begriff.

Aktuelle Studien bestätigen, dass in den modernen Industriestaaten noch immer homogame Beziehungen vorherrschend sind. Die Forscher Blossfeld und Timm sprechen sogar von einer Zunahme der Homogamie durch das Bildungssystem, und nennen diese spezifische Form »Bildungshomogamie«. Auch Heike Wirth konnte in ihrer Untersuchung »Bildung, Klassenlage und Partnerwahl« von 2000 feststellen, dass es allenfalls Differenzierungen im Heiratsverhalten unter den Arbeiter*innen und unter den Angestellten gab, dass aber beispielsweise für die höheren Dienstleistungsklassen vorwiegend Bildungsfaktoren eine Rolle spielten. Frerichs (1997) hat vier Paare mit soziobiografischen Interviews untersucht: Arbeiter*innenpaar, Angestelltenpaar, Lehrer*innenpaar, Manager*innenpaar, die jeweils gemeinsam über unterschiedliche Nettohaushaltseinkommen verfügen. Sowohl Frerichs (1997) als auch Illouz‹ (2003) Studien kommen zu dem Ergebnis, dass Homogamie eher die Regel in sozialen Verhältnissen ist. Allerdings ist hier nur die heterosexuelle Mann-Frau-Zweierbeziehung untersucht worden. Ob dies auf weitere Partner*innen, gleichgeschlechtliche Beziehungen oder weniger feste Beziehungsstrukturen ebenso zutrifft, bedarf noch der Untersuchung.

Spannend in der obengenannten Studie von Blossfeld und Timm ist das Verhalten von Menschen, die als Erwachsene nicht den Bildungsstand ihrer Eltern vorzuweisen haben: Männer und Frauen, die ›unterhalb‹ des Bildungsstandes ihrer Eltern stehen, gleichen dies aus, indem sie Menschen aus einer relativ »hohen« sozialen Herkunftsgruppe heiraten. Bildungsaufsteiger*innen, vor allem Männer, heiraten hingegen Menschen aus ihrer sozialen Herkunftsgruppe (diesmal der »niedrigen« sozialen Herkunft) und nur 14% heiraten ihrem Bildungsstand »entsprechend«.

Blossfeld und Timm benennen als Ursachen, dass Partner*innen- und Heiratsentscheidungen das Ergebnis eines langfristigen, kumulativen Lebenslaufprozesses seien. Die Grundlagen für diese Entscheidungen würden bereits in der Herkunftsfamilie gelegt. Im Lebenslauf sei der Prozess der Entscheidungsfindung mit einer kontinuierlichen Restrukturierung der sozialen Netzwerke und der Interaktionsbeziehungen verbunden. Und da die Partner- und Heiratsentscheidungen vor allem in der Übergangsphase vom Jugendlichen zum Erwachsenen getroffen würden, seien sie auch durch die Struktur des Bildungssystems maßgeblich beeinflusst.

Strategisch wird zur Bildung homogamer Beziehungen auf geschlossene Gruppenaktivitäten zurückgegriffen, wo Menschen mit einer entsprechenden Herkunft unter sich sind. So finden sich im Internet beispielsweise Partnervermittlungsinstitute wie »Elite-Partner« oder das Netzwerk von Studierenden »StudiVZ«, in dem die Exklusivität »StudentIn« scheinbar noch nicht ausreicht, da dort neben klassistischen Gruppen wie »Eigentum verpflichtet – Kinder reicher Eltern« oder »Eure Armut kotzt uns an« auch zwei Gruppen von »Lehrer*innen-Kindern« gegründet wurden, die mit je fast 1.000 Lehrer*innenkindern in diesen virtuellen Gruppen das »Gruscheln« (ein Neologismus aus Grüßen und Kuscheln) angenehm homogam machen. Die Homogamie ist nur ein Aspekt von Klassismus: Die »Unterschicht« wird als heterosexuell konstruiert. Schwule, lesbische, queere, Transgender-Lebensweisen werden eher der Mittelschicht und den Akademiker*innen zugeordnet. Eine Teilnehmerin aus einem Antiklassismus-Seminar bemerkte: »Ich kann mir keinen schwulen Armen vorstellen.« Queere Lebensweisen von Arbeiter*innen und Armen werden klassistisch und heterosexistisch diskriminiert. Wenn von »Unterschicht« die Rede ist, wird diese im heteronormativen Familien-Verständnis konstruiert. Von staatlicher Seite wird nichts unternommen, um diese Konstruktion zu stoppen, im Gegenteil kommt es mit dem Konzept der »bevölkerungsorientierten Familienpolitik« zu einer Förderung homogamer, heterosexueller Beziehungen durch Maßnahmen wie beispielsweise dem Elterngeld.

5.4.3 Familienpolitik

Die Hartz-IV-Gesetzgebung und deren Umsetzung, die von Kritiker*innen als »Verfolgungsbetreuung« bezeichnet wird, führt bei Alleinerziehenden und Eltern zu massiven Problemen. Eine Untersuchung über Bürgergeld-Bezieher*innen des Zentrums Gesellschaftliche Verantwortung vom Juli 2007 macht dies deutlich. 85% der Befragten erlebten ihre sozialen Beziehungen als belastet und die Mehrheit gibt an, dass es zwischen ihnen und den Kindern Streit wegen Geldsorgen gebe:

»Die massive Benachteiligung gegenüber Gleichaltrigen nehmen die Kinder in Bürgergeld-Haushalten um

so deutlicher und schmerzhafter wahr, je mehr sie sich in der außerfamiliären Welt bewegen und Anerkennung suchen müssen. Damit steigt die Wahrscheinlichkeit, mit den Kindern wegen der Geldnot und den Entbehrungen, die man ihnen zumuten muss, in Streit zu geraten, mit dem Alter der Kinder. Während von denjenigen Befragten, die ausschließlich Kinder unter sieben Jahren haben, ›nur‹ 33 Prozent angeben, dass es zwischen ihnen und ihren Kindern zu Streit wegen Geldsorgen käme, machen diese Angabe 66 Prozent derjenigen, die (auch oder ausschließlich) Kinder über 14 Jahren haben.«(Ames: 2007)

Ein weit verbreitetes Stereotyp besteht darin, dass arbeitslose Erziehungspflichtige sich nicht um ihre Kinder kümmerten. Hier kommt die Untersuchung zu anderen Ergebnissen. Ein sehr hoher Anteil der Befragten leidet darunter, ihren Kindern kein besseres Leben bieten zu können: »90 Prozent der Alleinerziehenden und 79 Prozent derjenigen, die mit Kind/ern und Partner/in zusammen leben, haben angegeben, durch solche Schuldgefühle belastet zu sein« (Ames 2007).
Diese Sorge wird von den Heranwachsenden antizipiert und schlägt sich in unterschiedlich starken Kinderwünschen nieder. Mit der »Höhe« der sozialen Herkunft steigt der Kinderwunsch, bzw. je »niedriger« die soziale Herkunft ist, desto unwahrscheinlicher ist es, dass sich die Heranwachsenden Kinder wünschen.
Bei dieser Diskriminierung soll es nicht bleiben. Sie wird in den nächsten Jahren noch verschärft werden:

»In Deutschland bekommen die falschen die Kinder« – diese Aussage, die ein Bundestagsabgeordneter der FDP 2004 ganz unbedarft äußerte, bringt die ›bevölkerungsorientierte Familienpolitik‹ (auch ›nachhaltige Familienpolitik‹ genannt) der Bundesregierung auf den Punkt. Im selben Jahr veröffentlichte das BMFSHJ zusammen mit dem Institut der deutschen Wirtschaft

und dem Bundesverband der deutschen Industrie die Schrift: ›Bevölkerungsorientierte Familienpolitik – ein Wachstumsfaktor‹. Hierin wurde die Aussage von Daniel Bahr verklausulierter ausgedrückt: ›Eine anhaltende hohe Kinderlosigkeit unter Akademikerinnen kann die bildungspolitischen Probleme weiter verschärfen und zu Engpässen beim Fach- und Führungskräfte-Nachwuchs führen‹« (BMFSFJ u. a. 2004, 16).

Familienministerin Schmidt warnte in einem Interview mit dem Deutschland Radio Berlin vor der »demografischen Katastrophe« und der »Bildungskatastrophe für unser Land, wenn in den bildungsnahen Schichten immer weniger oder keine Kinder geboren werden« (Schmidt/ Sagenschneider 2004). Das einkommensabhängige Elterngeld »soll die Gebär- und Zeugungsfreudigkeit hoch qualifizierter Frauen und Männer fördern« (Kahlert 2007, 40).
Heike Kahlert kommt in ihrem Aufsatz zur neuen »pronatalistischen« (pronatalistisch = für das Gebären) Politik der Bundesregierung zu dem Schluss:

»Aus ungleichheitssoziologischer Sicht liegt ein wesentliches Politikum der ›nachhaltigen Familienpolitik‹ (...) in der darin aufscheinenden Verknüpfung zwischen der angestrebten Geburtenförderung und der expliziten sozialen Differenzierung, die die soziale Ungleichheit als vermeintlich ›natürliche‹ und folglich politisch nicht zu beeinflussende Tatsache akzeptiert« (Kahlert 2007, 70).

Die »pronatalistische Orientierung« der »bevölkerungsorientierten nachhaltigen Familienpolitik« ist explizit mit der Sicherung bzw. Steigerung der »Qualität« der Bevölkerung verknüpft. »Dem Konzept der ›nachhaltigen Familienpolitik‹ zufolge soll die Geburtenförderung in Deutschland sozial differenziert erfolgen« (Kahlert 2007,63).
In den folgenden Jahren wurde diese Politik durch Sach-

bücher, die sich schnell zu Bestsellern entwickelten, populär gemacht. Ulrike Baureithel etwa macht in ihrem Aufsatz »Baby-Bataillone« darauf aufmerksam, dass in Büchern wie »Die Emanzipationsfalle. Erfolgreich, einsam, kinderlos« von Susanne Gaschke die »bürgerliche Leitkultur« gepriesen wird. »Susanne Gaschke etwa rechnet die ›Opportunitätskosten‹ gut ausgebildeter Frauen gegen die Kosten auf, die der Gesellschaft zufallen, wenn sie Kinder aus ›bildungsfernen‹ Schichten angemessen ausbilden will« (Gaschke 2005, 81). Die gewünschte »bürgerliche Leitkultur« (ebd., 163) ist nach Gaschkes Vorstellung Akademikerinnen eben leichter zu vermitteln als den von ihr porträtierten überforderten Mädchen aus dem sozialen Brennpunkt, die nichts von gesunder Ernährung und konsequenter Erziehung wüssten. »Wo es um den zukünftigen Nachwuchs geht, winken bildungsbürgerliche Dünkel und Rassismus übern Elternzaun: Erwünscht sind keineswegs alle, sondern eben nur ganz bestimmte Kinder« (Baureithel 2007, 30). Baureithel verweist darauf, dass auch der Nationalsozialismus nicht einfach nur pronatalistisch gewesen ist, sondern z.B. mit seiner Sterilisationspolitik ebenfalls antinatalistisch.
Auch von jungen und privilegierten Literat*innen aus der Szene der »Tristesse Royal« wird diese bevölkerungsorientierte Familienpolitik gefordert. Joachim Bessing etwa schrieb in der Welt vom 19. April 2006 unter dem Titel »Klasse statt Masse«:

»Gefördert werden muß nicht die Masse an Kindern, sondern das Bewußtsein jener Klasse, deren Nachwuchs wir dringend benötigen. Nicht die ohnehin bereits am staatlichen Tropf hängen, sollen die Kinderlein kommen lassen. (...) Wir brauchen ein reproduktives Bürgertum. (...) Wer es sich nicht leisten können wird, sein Kind auf eine private Schule zu schicken, der macht sich schuldig an dessen winkelig sich gestaltendem Werdegang.«

Der kulturalistische Klassismus, der den Alleinerziehenden oder Familien mit wenigen Ressourcen diese wenigen auch noch streitig macht, wird ergänzt durch Forderungen der Wirtschaftsverbände wie dem BDA (Bund der Arbeitgeber):

»Wenn das Erziehen von Kindern mit einem relativ guten Einkommen entlohnt wird, ist zu befürchten, dass immer weniger Menschen für gering qualifizierte Einkommen zur Verfügung stehen. Unser Bestreben als BDA ist es aber gerade, den Niedriglohnsektor systematisch zu erschließen. In dem Maße, in dem Familienarbeitsplätze aufgebaut werden, entfallen auch bestehende Stellen und Erwerbstätige im Niedriglohnsektor.« (abgedruckt in der Wochenzeitung »Freitag«, vom 3.08.2007, S. 5)

5.5. Wohnverhältnisse: Räumliche Ausgrenzungen

Wohnungen dienen im späten 19. Jahrhundert, wie Walter Benjamin beschreibt, als Rückzugsraum der Bürger*innen: »Warum der Blick in fremde Fenster immer auf eine Familie beim Essen oder auf einen einsamen, mit rätselhaftem Nichtigen beschäftigten Mann unter der Hängelampe am Tisch trifft?« (Benjamin 1982). Die Bürger*innen ziehen sich vor den Folgen der sich entwickelnden kapitalistischen Gesellschaft in ihr ornamentales Interieur zurück. Daneben werden Personen auf die Straße gesetzt oder zusammengepfercht in Kellerwohnungen, Kliniken, Gefängnissen, Bordellen. Foucault seziert diese Widersprüche und beschreibt die damit verbundenen Macht- und Ausgrenzungstechniken. Zugleich kuscheln sich der Bürger und die Bürgerin in ein koloniales Wohnungsdesign ein, erworben in den neuen Einkaufstempeln, den Passagen, dort wiederum bereitgestellt durch die koloniale, gewaltförmige Ausbeutung von Menschen in anderen Ländern. Die Bürger*innen bestätigen durch diese Gestaltung des eigenen Wohnraums und ihre Wohnform tagtäglich sich selbst und zugleich

die Ordnung der Gesellschaft.
Effekte dieser Haltung sind bis heute sichtbar. Die Zeitschrift »Schöner Wohnen« wirbt mit ihrem Leser*innenkreis:

»Schöner Wohnen Leser haben viel Niveau: 64% Frauen, 36% Männer, die hauptsächlich zwischen 35-54 Jahre jung und gut gebildet sind sowie über ein überdurchschnittliches Einkommen verfügen. Sie können es sich leisten, schöner zu wohnen.«

Mike Davis beschreibt in seinem Buch über die weltweite Gentrifizierung, dass die Wohnsituation für Menschen sich seit den 1960er-Jahren, nach einer kurzzeitigen Verbesserung der Wohnverhältnisse weltweit, wieder verschärft hat und die Separierungsprozesse sich mit all ihren gesundheitlichen und sozialen Folgen ausweiten. Menschen leben weltweit am Rande der Städte in Slums, auf Müllkippen, in Einkaufswagen, in Papierhütten, bar jeder medizinischen Versorgung. Für diese Quartiere müssen sie sogar noch Geld zahlen. Die Separierung von Armen hat, wie Davis beschreibt, in der Geschichte der Stadtentwicklung lange Traditionen und ging immer auch einher mit einem bestimmten Bild vom Menschen, nämlich dem des »wilden«, »unmoralischen«, »ungezügelten«, »kriminellen« Menschen, der letztlich dieses Dasein aufgrund seiner Charaktereigenschaften selbst verschuldet habe (Davis 2007, 27). Während die gesellschaftlichen »Eliten« in ganz unterschiedlichen Ländern ihre Klassenprivilegien verteidigen, bedarf es für diese Legitimation immer auch eines Bildes vom »inferioren« Armen, der häufig auch zur Schwarzen Bevölkerung gehört oder zur Gruppe der Flüchtlinge. Die Armen und an die Peripherie gedrängten gelten letztlich kaum mehr als Menschen, sondern, wie Davis schreibt, als »Ballast«, dessen sich die reiche Bevölkerung durch die Form der Separierung quasi entledigt hat:

»Der größte Slum von Lagos, Ajegunle, veranschaulicht die schlimmste aller Welten: Überfüllung und eine extrem periphere Lage. 1972 lebten in Ajegunle 90.000 Einwohner auf acht Quadratkilometern Sumpfgebiet: heute wohnen 1,5 Millionen Menschen auf einer kaum größeren Fläche, und sie verbringen jeden Tag drei höllische Stunden, um zu ihren Arbeitsplätzen und zurück zu gelangen. Auch im völlig überfüllten Kibera in Nairobi, wo mehr als 800.000 Menschen umgeben von Schlamm und Abwässern um ihre Würde kämpfen, werden die Slumbewohner von rapide steigenden Mieten (für hühnerfarmähnliche Baracken) und zunehmenden Transportkosten in die Zange genommen« (Davis 2007, 100).

Faktisch rechnet diese Politik also immer mit dem Opfer Mensch und plant dieses als festen Bestandteil ein. Klassismus ist hier auf seine äußerste potentielle Spitze getrieben: Gewalt und Vernichtung.
In den 1920er- und 1930er-Jahren hatten sich durch die sozialistischen Arbeiter*innenbewegungen zum Beispiel in Österreich und Deutschland Wohnkulturen herausgebildet, eigene architektonische Realisierungen, die eine Alternative zum bürgerlichen Wohnen darstellen sollten und den Gemeinschaftsgedanken im Genossenschaftswohnbau als Alternative zum abgeschotteten Bürger*innentum stark machten. Der Karl-Marx-Hof in Wien wurde 1930 eröffnet und bot Wohnraum für 5.000 Menschen, er war eine Art Stadt in der Stadt. Wäscherei, Kindergarten, Bücherei. Einerseits eine Alternative und Befreiung aus den Mietzinswucherwohnungen war diese Wohnform auch orientiert an bürgerlichen Familienwerten und Normen. Zugleich war es auch eine Art von Kasernierung (gleichförmiges Aussehen der Arbeiterhöfe und tatsächlich auf Verteidigung ausgerichtet). Dem Wunsch nach Separierung kommt auch der soziale und genossenschaftliche Wohnungsbau in all seinen Formen entgegen. Diese Separierung vollzieht

sich als Realisierung von Machtverhältnissen entlang von Klassenverhältnissen und den mit ihnen realisierten normativen Konzepten. Im Folgenden geht es um die Reflexion der normativen und klassistischen Aspekte von Wohnverhältnissen.

Drei Thesen möchten wir mit Hilfe des Begriffs »Klassismus« diskutieren:

1. Wohn-Verhältnisse sind in Verschränkung mit ökonomischen Voraussetzungen auch Realisierungen normativer Konzepte. Diese werden auf individueller, institutioneller und kultureller Ebene hergestellt, geformt, reproduziert.
2. Durch die gesellschaftlichen und ökonomischen Machtverhältnisse bedingt sind die normativen Konzepte der ökonomisch und ideell herrschenden Klassen hegemonial.
3. Wohnverhältnisse, die den herrschenden Vorstellungen nicht entsprechen oder nicht entsprechen wollen, werden abgewertet, diskriminiert, ausgeschlossen, noch weiter an den Rand gedrängt oder dem Versuch der Anpassung unterzogen.

Wenn ein Mensch aufgrund von Arbeitslosigkeit, Nichtwissen über seine Rechtsansprüche und Mangel an Unterstützung durch andere Personen wohnungslos wird, so ist der ökonomische Aspekt ein Faktor. Meistens spielen die individuellen Ausgrenzungen im Familien- und Freundeskreis ebenso eine Rolle wie die fehlende Möglichkeit, seine Rechte wahrzunehmen. All diese Aspekte sind beim wohnungslosen Menschen bereits unsichtbar gemacht. Hier hat der wohnungslose Mensch aufgrund ihm unterstellter Seinsweisen, wie zum Beispiel, eine »Belästigung« für andere (nicht wohnungslose) Menschen zu sein, mit weiterer Ausgrenzung zu rechnen, indem ihm der Zugang zu Bahnhöfen oder Einkaufszentren oder öffentlichen Plätzen nicht gestattet oder erschwert wird. Diese Diskriminierungen erfolgen zum einen, weil die Person nicht den bürgerlichen Normen von Wohnverhältnissen entspricht, und zum Anderen, weil dieses Nicht-Entsprechen der Norm weitere Zuschreibungen nach sich

zieht, die Herabsetzung, Ausgrenzung und Ausschluss legitimieren und die Norm aufrechterhalten sollen.
Wenn wir uns mit Wohnverhältnissen kritisch auseinandersetzen, sollte sowohl die Kritik an materiellen Verhältnissen als auch die Frage nach Reproduktion von ausgrenzenden Normsetzungen berücksichtigt werden.
Die ökonomische Gerechtigkeitstradition in der Bundesrepublik lenkt meist den Blick auf die materiellen Konsequenzen. So auch bei Karl Marx:

»Aber die Kellerwohnung des Armen ist eine feindliche, als fremde Macht an sich haltende Wohnung, die sich ihm nur hingibt, sofern er seinen Blutschweiß ihr hingibt, die er nicht als seine Heimat, – wo er endlich sagen könnte, hier bin ich zu Hause – betrachten darf, wo er sich vielmehr in dem Haus eines andern ... befindet, der täglich auf der Lauer steht und ihn hinauswirft, wenn er nicht die Miete zahlt« (Marx zit. n. Benjamin 1982).

Marx kritisiert hier die Konsequenzen von ausbeuterischen und erniedrigenden Eigentumsverhältnissen, setzt aber selbst eine bürgerliche Norm von Wohnen, die sich in den Begriffen »Heimat« und »zu Hause« äußert. Um die Differenz zwischen Wohnen im normativ akzeptierten Sinne und Wohnen in einem abweichenden Verständnis deutlich zu machen, wird häufig auf das Gegensatzpaar Wohnen versus Hausen zurückgegriffen. Damit werden zwei Wertesysteme gegenübergestellt. Durch die Begriffe ergibt sich bereits eine Wertigkeit, die Wohnen als das erstrebenswerte erscheinen lässt und Hausen als einen eher veränderungswürdigen Zustand. Ein Aufmacher der TAZ lautete: »Wohnst du noch oder haust du schon?« Hier wird die Gefahr des Verlustes von Wohnung und Rückfall ins Hausen angesprochen, ähnlich wie beim Netzwerk Selbsthilfe eine Rubrik »Wohnen und Hausen« lautet, während die Deutsche Bank in einer Werbung formulierte: »Wohnen statt Hausen«. Historische Analysen zum Thema Wohnen zeigen durch die Abgrenzungen »Vom Hausen zum Wohnen« oder »Hausen Wohnen Residieren« eine Wertigkeit auf. Tatsächlich wurden, wie Mike Davis im »Planet of Slums« zeigt, für einen Teil der Menschen durch Wohnungsbauprogramme weltweit Veränderungen geschaffen, die soziales Elend, Krankheiten, negative Auswirkungen von schlechten Wohnverhältnissen auf die Gesundheit gemildert oder abgeschafft haben. Gleichzeitig geht es aber bei diesen Veränderungen immer auch um mehr, nämlich die Ein- und Anpassung an bürgerliche Wertvorstellungen vom Wohnen. Diese mit Wohnen verbundenen Werte sind beispielsweise: Ansprüche an Privatheit und Rückzugsraum bis hin zu Separierung und Abschottung, Damit verbunden sind Vorstellungen von viel Platz und nicht zu vielen Personen auf einem Raum; der Wunsch, von »Heim«, »Heimat« und »Zu Hause« sprechen zu können. Normative Ideen von Ordnung und Hygiene gehören zu einer »zivilisierten« Form von Wohnen. Ideen von bestimmten Familienformen wie Paaren, Kleinfamilien, Singles, statt großer Kollektive werden mit an Kleinfamilienformen orientierten Raumaufteilungen (Küche, Bad, Schlafzimmer, Wohnzimmer, Kinderzimmer) zusammengedacht. Zum »kultivierten« Wohnen gehören der Wunsch nach einer Umgebung von Gleichgesinnten; eine moderne, der Ästhetik der Zeit entsprechende Einrichtung; grüne Umgebungen, gute Luft; möglichst Eigentum; Garagen für die Autos als Symbol von Mobilität u.a. Dementsprechend werden die mit Hausen verbundenen Vorstellungen als Normverstöße und Normabweichungen gewertet, aus denen es sich herauszuarbeiten gilt oder in die hineinzufallen eine Bedrohung ebenso darstellt wie mit ihnen in Berührung zu kommen (als Nachbar*innen oder im öffentlichen Raum). Schmutz und Dreck werden mit Hausen ebenso verbunden wie Lärm, eine laute Umgebung; Öffentlichkeit statt Privatheit; Enge und viele Menschen auf wenig Raum (zum Beispiel in Heimen für Wohnungslose oder

Flüchtlinge), wechselnder Wohnraum in Form von nicht festen Wohnsitzen; Wohnwagenleben; Leben in Zelten; Möbel aus dem Sperrmüll oder karitativen Möbellagern; Zusammenleben mit Personen, die nicht ausgesucht wurden, also Zwangskollektive; schlechte Luft, Beton, Plattenbauten, Müllkippennähe, Mietwohnungen im sozialen Wohnungsbau, Heimplätze, Wagenstellplätze, Hausbesetzungen; öffentliche Plätze u.a.
Die Existenz nach den Wertvorstellungen und Normsetzungen von Wohnen ermöglicht unter den gegebenen gesellschaftlichen Verhältnissen Anerkennung und ein leichtes, mobiles Bewegen durch das Leben. Normabweichungen werden aber nicht als gesellschaftliches, strukturelles Thema begriffen, das einer Formulierung dahingehend bedarf, dass niemand ausgegrenzt und aufgrund der Wohnverhältnisse gesundheitlichen Gefahren ausgesetzt sein darf, sondern als selbst verschuldete Verhältnisse von Personen, die als Defizitkulturen konstruiert werden und der Kontrolle, Überwachung, der Ghettoisierung oder des Ausschlusses aus öffentlichen Plätzen bedürfen (Dangschat 2004). An die Peripherie von Städten und Orten gedrängt, besteht oft die Gefahr, Opfer von weiterer Gewalt zu werden.
Klassismus im Bereich der Wohnverhältnisse meint neben den materiellen Zwangsverhältnissen also Ausgrenzung, Ausschluss und Herabsetzung aufgrund der entstandenen Lebenssituationen. Anstatt die bedrohlichen Verhältnisse zu verändern und neue Wohn- und Lebenskulturen möglich zu machen, wird durch die Zuschreibungen und den Maßstab der bürgerlichen Wohnverhältnisse die Situation gefestigt und gerechtfertigt. Der Umgang mit Roma, die Stellplätze benötigen, oder mit Menschen in Wagenburgen, die ebenfalls öffentlichen Raum als Wohnraum anders definieren möchten, ist oft mit Restriktionen, Einschränkungen, Diskriminierungen verbunden (vgl. EU-Studie zur Situation der Roma). Ebenso gelten Kommunen, Wagenburgen, das Leben in

besetzten Häusern eher als exotische Wohnformen, die auch schnell polizeilicher Kontrolle ausgesetzt werden. Im Fernsehen und Rundfunk, in der die Lebensrealität von Wagenburgen eher ausgeblendet wird, wurde die Werbung einer Bausparkasse gesendet, in der ein Mädchen ihrem Vater am Lagerfeuer einer Wagenburg sitzend erzählte: »Wenn ich groß bin, werde ich Spießer« (... und kaufe mir eine Eigentumswohnung). Während alternative Wohnformen unsichtbar gemacht oder in Frage gestellt werden, finden dennoch sehr merkwürdige negative Anerkennungsprozesse statt: so haben Menschen, die in einer Wohngemeinschaft leben, annähernd die gleichen Pflichten der gegenseitigen sozialen Unterstützung (wodurch der Staat Geld sparen möchte), nicht aber die gleichen Rechte wie in einer Ehe. Das Recht auf Wohnen als Menschenrecht muss mit entsprechenden Rechten auf Zugang zu öffentlichen Plätzen, auf Erhalt, Ausbau und Öffnung von Räumen für die Öffentlichkeit verbunden werden. Wohnen als Menschenrecht bedeutet aber auch eine Freiheit der Lebens- und Wohnformen, eine Wahlmöglichkeit und Veränderungsoption zu haben, bei gleichzeitiger Sicherheit vor Diskriminierungen und Übergriffen und der Bereitstellung von medizinischer und sozialer Versorgung, so dass alle, auch sogenannte alternative Lebensformen praktisch möglich sind.

5.6. »Bevölkerungsqualität« oder Lebensqualität: Demografisierung und Umweltklassismus

In Deutschland erleben wir zur Zeit eine Reihe von Tabu-Brüchen. Während in der Familienpolitik mit dem Tabu gebrochen wird, dass alle Kinder eine gleiche Entwick-

30 Der Tabubruch zeigt sich wie oben näher beschrieben in der Ersetzung der Leistungs- durch eine Begabungsideologie: Begabungsorientierung statt Leistungsorientierung, Chancengerechtigkeit statt Chancengleichheit, Elterngeld statt Erziehungsgeld).

lungschance haben sollen[30], findet sich in der territorialen Bevölkerungspolitik der Bruch mit dem Postulat der »gleichwertigen Lebensverhältnisse«. Mit »gleichwertigen Lebensverhältnissen« ist gemeint, dass die Qualität der Lebensverhältnisse im Ruhrpott, an der Ostsee, in Frankfurt a.M. oder im Bayerischen Wald annähernd gleich sein sollte. Hiervon wird nun Abstand genommen, da bestimmte Regionen beispielsweise in Mecklenburg-Vorpommern als strukturell nicht mehr unterstützbar gelten. Dieser Prozess wird »Peripherisierung« genannt. Eva Barlösius und Claudia Neu definieren diesen Begriff folgendermaßen:

»Peripherisierung beschreibt [...] den dynamischen Prozess der Abkopplung ganzer Räume von den ökonomischen, politischen und kulturellen Machtzentren, der mit einem Verlust der Teilhabechancen und einer Verengung von Handlungsspielräumen für die Bewohner einhergeht« (Barlösius/Neu 2007,85).

Diese Definition schließt ausdrücklich auch Peripherisierungsprozesse innerhalb von Regionen und Städten ein. In Ostdeutschland ist in Regionen wie dem Landkreis Uecker-Randow mit einem absoluten Rückgang der Bevölkerungszahlen um 50% bis 2020 zu rechnen. Als Folge wird bereits heute die Infrastruktur abgebaut: Schulen, Kindergärten und Poststationen werden geschlossen und der Nahverkehr auf ein Minimum zurückgestuft. Dies beeinträchtigt die Lebensqualität der Bevölkerung in dieser Region enorm, besonders für diejenigen, die nicht über ein Auto und einen Internet-Anschluss verfügen.
Barlösius und Neu sehen diese Peripherisierung durch eine Ideologie bedingt, die von der »Qualität« der Bevölkerung auf das strukturelle Entwicklungspotential einer Region rückschließt. Sie bezeichnen dieses Denken als »Demografisierung«.

»Ganz allgemein verstehen wir unter ›Demografisierung‹,

dass von der Bevölkerung auf die Gesellschaft, auf ihre ökonomischen Entwicklungspotentiale, ihre politischen Optionen sowie ihre kulturelle Gestaltbarkeit geschlossen wird« (Barlösius/Neu 2007, 86).

Das Ausmaß sozialer Ungleichheiten und sozialer Spannungen wird auf den Bevölkerungswandel direkt ursächlich zurückgeführt (ebd., 86). Der Bevölkerungswandel, die demografischen Veränderungen »zwingen« zu »größeren materiellen Ungleichheiten« (Birg 2005). Der von der Demografie vorausgesagte Prozess sei von »langer Dauer«, »zwangsläufig« und von geringer »Gestaltbarkeit«. Der Raum für einen sozialen Aushandlungsprozess wird damit bewusst eingeschränkt. Die Demografisierung legitimiert hierdurch soziale Ungleichheiten als »biologisches Schicksal« (Barlösius/Neu 2007, 89).

Die feministische Erkenntnistheoretikerin Sandra Harding kritisiert die demografisierende Richtung der Armutsforschung. Diese Richtung vollziehe sich in den Vereinigten Staaten in drei Schritten: Zunächst würde als Ursache der Armut festgestellt, dass »zu viele Münder gefüttert werden« müssten; dann würden Hypothesen aufgestellt, dies läge an der »Überbevölkerung« bzw. an der »weiblichen Reproduktionsfähigkeit«; und anschließend würde ein Forschungsdesign entworfen, um diese Hypothesen zu prüfen. In einem Artikel der Frankfurter Rundschau vom 10.10.2000 (»Die notwendige Erweiterung des Spektrums«) stellte sie fest, dass die sexistischen, rassistischen »und auf die Kategorie ›Klasse‹ bezogenen« Voraussetzungen dieser Art von »objektiver Forschung« nicht feststellbar seien. Die Demografisierung ideologisiere soziale Ungleichheit und Armut, indem sie die wirklichen Hintergründe ausblende.

Diese Demografisierung ist zudem eng verknüpft mit dem Thema der sogenannten »Generationengerechtigkeit«. Hier zeichnen Konservative wie der FAZ-Mitherausgeber Frank Schirrmacher extreme Horrorszenarien und beerben den kulturpessimistischen Irrationalismus eines Oswald Spengler: »Jemand, der zwanzig Jahre länger lebt als von den Behörden vorhergesagt, ist nicht mehr finanzierbar. Das führt dann schließlich zur Frage der Euthanasie« (Schirrmacher 2004, 129f). Auch ökologische Probleme wie die Klimakatastrophe werden demografisierend betrachtet, zu Lasten der Armen.

In den Vereinigten Staaten wird bereits seit langem von einer umweltbezogenen Gerechtigkeit (Environmental Justice) oder von umweltbezogenem Rassismus (Enviromental Racism) gesprochen. Diese Begriffe wurden von den Aktivist*innen aus benachteiligten Bevölkerungsgruppen selbst in die Debatte eingebracht. In Deutschland fehlt es noch an einer Organisierung entsprechender benachteiligter Gruppen. Dennoch hat sich im umweltpolitischen Diskurs bereits die Erkenntnis durchgesetzt, dass die These Ulrich Becks aus seinem Band »Risikogesellschaft«, wonach sich Umweltschäden über alle Schichten gleichermaßen verteilen, nicht (mehr) stimmt. Wohlhabende Schichten können sich den Umweltbelastungen bis zu einem gewissen Grad einfacher entziehen (Schlüns 2007, 25f).

Betrachten wir die gesundheitliche Schädigung durch Umweltbelastungen, dann wird deutlich: Angehörige der »unteren« Schichten wohnen häufiger an verkehrsreichen Straßen, sind arbeitsbedingt häufiger mit negativen Umwelteinflüssen belastet und haben gleichzeitig weniger Möglichkeiten, dies durch Erholung in der Natur auszugleichen (Schlüns 2007).

Auch im Bereich der materiellen und immateriellen Schäden sind die Menschen »unterer« sozialer Schichten besonders benachteiligt. Dies zeigt sich zum einen in der Verteuerung von Preisen aus Umweltschutzgründen und

---

31 Der Standard (03. März 2009): VCÖ-Studie. Reiche fahren viermal mehr Auto, Online im Internet (22.06.2009) URL=http://derstandard.at/fs/1234508450305/VCOe-Studie-Reiche-fahren-viermal-so-viel-Auto?_seite=8&sap=2

zum anderen durch den sozialen Ausschluss, in dem es beispielsweise bestimmten Bevölkerungsschichten nicht mehr möglich ist, ein Auto zu fahren. Eine Studie des Verkehrsclubs Österreichs kommt zu dem Schluss, dass das reichste Einkommensviertel viereinhalbmal sooft Auto fährt wie das ärmste Viertel, die Armen seien jedoch wesentlich häufiger von Abgasen und Lärm beeinträchtigt.[31] Ähnlich problematisch ist die Forderung nach Verteuerung des Stroms und des Treibstoffs. Billigflieger verpesten die Luft nicht mehr als die Flugzeuge teurer Linien. Die schlechter wahrnehmbaren, da immer verzahnteren Umweltprobleme, verknüpft mit einer zunehmenden Dichte umweltpolitischer Regulierungen führt, wenn dies unreflektiert geschieht, zu einer schleichenden sozialen Ausgrenzung von Menschen mit wenig Ressourcen und ohne Lobby.

Mit der Einführung von Verteuerungen, wie der Ökosteuer oder dem geplanten »Klima-Cent« auf Strom-, Gas- und Ölnutzung, soll zum einen erreicht werden, dass die Energienutzung zurückgefahren wird, und zum anderen will der Staat Geld einnehmen, um dies umweltgerecht zu nutzen. Dies stellt jedoch eine typische Form von umweltbezogenen Klassismus dar, weil es eine Kopfsteuer ist. Zudem ist es rechtlich äußerst bedenklich, da ja umweltschädigendes Verhalten nicht verboten wird, sondern nur verteuert. Privatjets in der Größe eines Airbusses können dann dennoch die Umwelt verpesten, und da die Besitzer einen Umweltbeitrag zahlen, können sie sogar reinen Gewissens fliegen, während dem »Billigflieger« bereits das Stigma des »Umweltschädlings« anhaftet.

Die Argumentation für die Einführung des »Klima-Cents« ist zum Teil besonders zynisch, da sie materielle und gesundheitliche Diskriminierungen miteinander verknüpft: »einfache Durchschnittsbürger*innen« hätten mehr Verzicht zu üben (materielle und immaterielle Diskriminierung), da sie schließlich die Hauptleidtragenden

(gesundheitliche Schäden) der Klima-»Katastrophe« seien.
Diese Entwicklung in Deutschland kann zu einem Umwelt-Klassismus führen, wie er in den Vereinigten Staaten in ganz neuem Ausmaß in New Orleans praktiziert worden ist. Dieser Umwelt-Klassismus kündigte sich schon bei vorhergehenden Katastrophen an.

*»Mein Sohn und ich fuhren vom San Fernando Valley zum Santa Clarita Valley, 1994, nachdem das Erdbeben unser Apartment zerstörte. Wir haben gesehen, dass sich die Leute [*in der Hispanic Community, Anm. A.K.*] in Schlangen um Wasser anstellten, welche sich um Häuserblocks zogen, lange Schlangen an den High Schools und in den Parks, wo die Lastwagen der National-Garde Wasser ausgaben, für jeden nur 5 Gallonen Wasser. Als wir Santa Clarita erreichten, waren dort überall [...] Kisten mit Wasserflaschen, welche von der Militärpolizei, die dort auf die vorbeifahrenden Mittelklassen-Familien wartete, verschenkt wurden« (Anderberg 2005).*

Dies sei ein Mikrokosmos von dem, was nun in New Orleans passiert sei, so die Autorin des Artikels. Die klassistische Bevölkerungspolitik von New Orleans ist zutiefst inhuman und ausgrenzend. Von den 460.000 ehemaligen Einwohner*innen der Stadt sind drei Jahre danach noch immer weit über 200.000 noch nicht zurückgekehrt. Diese evakuierten Menschen sind fast durchgängig arm und Schwarz. Die Stadtviertel wie das Lower 9th Ward, in dem zuvor 20.000 Menschen kleine Eigentumswohnungen aus Holz hatten, werden vom Staat und von der Kommune nicht wieder aufgebaut. Nur ein Bruchteil ist bislang zurückgekehrt. Hilfe gibt es von Gruppen wie der Initiative Common Ground, gegründet unmittelbar nach der Katastrophe vom ehemaligen Black Panther Malik Rahim und Unterstützer*innen. Diese Gruppe organisierte unmittelbar nach der Flut Lebensmittel, Decken, medizinische Versorgung. Seither arbeiten in Common Ground

Relief Tausende von Freiwilligen, stellen unentgeltlich in mehreren selbstorganisierten Kliniken medizinische Hilfe zur Verfügung und bauen die Gebäude wieder auf. Erst vor kurzem wurde die Martin-Luther-King-Schule wiedereröffnet. Zwei Jahre nach der Katastrophe haben Unterstützer*innen gegen den Willen der Herrschenden diese Schule im Lower-9-Ward wieder in Betrieb genommen. Als im März 2006 die ersten Unterstützer*innen mit der Renovierung beginnen wollten, erschienen die Polizei und die Nationalgarde, um sie zu verhaften. Dank der Medien vor Ort wurde die Inhaftierung jedoch nicht vollzogen, und die Renovierung konnte beginnen. Die Martin Luther King Schule ist bislang die einzige Schule, die in diesem Stadtteil wieder eröffnet wurde. Während die Bevölkerung in diesen Stadtteilen auf sich selbst angewiesen ist, sind die reichen Wohnbaugesellschaften in den Mietwohnkomplexen weniger zurückhaltend. Siedlungen mit bis zu 3.000 Mietwohnungen wurden entmietet, eingezäunt und sollen planiert werden, um neuen »gemischten Wohnraum« zu schaffen. Die ehemaligen Bewohner*innen wissen genau, dass es lediglich um eine immense Anhebung der Mieten geht, die sie nicht zahlen können, und fordern, dass sie in ihre Wohnungen, in ihre Nachbarschaften zurückkehren können. Insgesamt hat sich der Grundstückspreis seit der Flut extrem verändert: die Grundstücke der höher gelegenen Viertel der Reichen sind um das Doppelte gestiegen, die Viertel der niedriger gelegenen der Armen sind auf ein Viertel gesunken.

6. Ausblick: Verschiebung von Sehweisen

Den neueren Frauenbewegungen seit den 1970er-Jahren ist es weltweit gelungen, Sehweisen und Praxen nachhaltig zu verschieben und Prozesse anzuregen, die unter dem Stichwort »Gender« (Dietze/Hark 2006) und nun vermehrt auch unter dem Begriff »Queer« (Perko 2006; Czollek/Perko/Weinbach 2009) nahezu alle Lebensweisen und Lebensbereiche auf diskriminierende Strukturen hin analysieren, diese aufdecken und gleichzeitig andere, durch das Herrschaftsraster gefallene Kulturen von Frauen und Queers sichtbar machen. Durch den Gender- und Queerblick, die Thematisierung von Sexismus und Heterosexismus, ist ein weites Feld von Literatur und Projekten hergestellt worden, verändert sich die Welt nach wie vor nachhaltig. Aber auch die Diskurse selbst haben sich weiterentwickelt, und es ist gerade die Stärke der Frauenbewegungen, dass sie in der Lage waren und sind, sich selbst immer wieder machtkritisch zu reflektieren und zu verändern (Weinbach 2006c). Eine solche Verschiebung von Sehweisen hat in den USA, in England, in Südafrika und anderen Ländern bezüglich des Themas Rassismus ebenfalls stattgefunden bzw. findet dort noch statt. Auch in der Bundesrepublik Deutschland hatten die Frauenbewegungen die oben beschriebenen Wirkungen, wenngleich auch heute noch in vielen Bereichen ein Mangel an Sexismusanalysen, an Genderthematisierungen festzustellen ist. Dennoch haben die Frauenbewegungen in der Bundesrepublik eine Vielzahl von Literatur und anderen Sehweisen, neuen Praxen produziert und tun dies immer noch. Für den Einfluss von Rassismusanalysen gilt dies ebenso wenig wie für die Bereiche Antisemitismus oder Heterosexismus oder Klassismus. Hier stehen Entwicklungen erst am Anfang. Erst seit einigen Jahren wird der Antisemitismus der Aufklärung beispielsweise thematisiert oder die Kolonialgeschichte der Bundesrepublik hinsichtlich ihrer Produktion von Bildern und Stereotypen neu befragt. Wir haben in diesem Buch viele Forschungslücken und Ansatzpunkte für das Thema Klassismus aufgezeigt. Wenn Klassismus als Kategorie zur Aufdeckung von Ungleichheit und Diskriminierung eine ebenso wichtige ist wie zum Beispiel Sexismus, dann wird es eine ähnliche Bewegung der Debatten und Auseinandersetzung geben müssen, wird sich ein breites Feld der Auseinandersetzung erst noch entwickeln müssen. Die Frage stellt sich, wer die Träger*innen einer solchen Bewegung sein könnten? Im neuen klassistischen Bewusstsein der herrschenden Klassen spiegelt sich die fehlende Organisierung und Selbstverständigung der beherrschten Klassen. Ähnlich wie zu Beginn der neuen Frauenbewegung bedarf es in bestimmten Bereichen autonomer Zusammenschlüsse und einer Kultur der Selbstanerkennung. Also eben nicht einer »bürgerlichen Leitkultur« für die Unterschicht, sondern einer Kultur der »Anerkennungsdissidenz« und »Anerkennungssubsistenz« (Kemper 2005). Dies soll jedoch nicht bedeuten, dass nur Personen der beherrschten Klassen gegen Klassismus vorgehen können. Im Verständnis von Social Justice können sich alle Menschen als Verbündete solidarisieren und auf allen Ebene Klassismus thematisieren, kritisieren und Veränderungskonzepte lancieren. Wenn zwischen denjenigen, die Klassismuserfahrungen gemacht haben, und denen mit anderen Diskriminierungserfahrungen Verbindungen hergestellt werden, könnte ein breites Feld einer differenzierten und sensiblen Umgangsform mit diesem Thema entstehen. Dafür bedarf es wie bei der Anerkennung jeder Form von Diskriminierung zunächst einmal eines grundlegenden Verständnisses und einer Idee davon, wie strukturelle Diskriminierung Menschen unterdrückt und verletzt; es bedarf Menschen, die Kreativität und Verstand mitbringen und als Individuen der Gesellschaft gleichwertig anerkannt werden. Eine Antiklassismusbewegung steht vor der Herausforderung, Ungleichheit mit ihren Folgen von Ausgrenzung und Herabsetzung und Entwürdigung zu thematisieren, ohne in ihrer Form der politischen Auseinandersetzung selbst wieder diese Herrschaftsstrukturen zu reproduzieren. Bildungsarbeit von unten kann einen wichtigen Beitrag zur Bewusstwerdung und zum Handeln in Alternativen leisten, zum Beispiel die Durchführung von Antiklassismustrainings, das Schreiben der Geschichte von unten, das Anknüpfen an selbstorganisierte Formen des Lernens und an genossenschaftliche Lebensformen etc. Hier könnten sich Ansätze der Solidarischen Ökonomie mit der Copy-Left-Bewegung zu einer »Solidarischen Ökonomie der Bildung« weiterentwickeln, in der sowohl die Definition dessen, was Bildung ist, als auch die materiellen Ressourcen für Bildungszugänge neu gestaltet werden. Zugleich bedarf es aber auch einer querschnittbezogenen Sensibilisierung der Politik, Kultur und Wissenschaft für Klassismus und die Folgen. Dabei geht es nicht um eine Abwertung von Menschen anderer Klassen und deren Geschichte, sondern um einen respektvollen Umgang bei gleichzeitiger Thematisierung von strukturellen Ausgrenzungszusammenhängen. In allen Klassen gibt es Differenzierungen, die auch in Analysen, Bildungsarbeit, Erfahrungsaustausch sichtbar werden sollten: Arbeiter*innen lassen sich in ungelernte oder gelernte differenzieren oder arbeitende und arbeitslose, hochbezahlte Facharbeiter*innen, schlecht bezahlte Facharbeiter*innen, Schichtarbeiter*innen, ›aufgestiegene‹ Arbeiter*innen oder Working Class Academics. Sie verknüpfen ihr Engagement mit unterschiedlichen Methoden an unterschiedlichen Orten (Streiks, Besetzungen, gegenseitige Hilfe, Aufbau von Ressourcen in Selbstorganisierung). Ebenso lassen sich für andere Klassen Unterschiede formulieren, die im konkreten Erfahrungsaustausch sichtbar werden können. Die Methode des Co-Counselling ist ebenfalls ein methodischer Grundbaustein von Antiklassismustrainings, in denen die Vielfalt von Erfahrungen miteinander ins Gespräch gebracht und Unterschiede sowie deren Hintergründe transparent und erfahrbar werden sollen. Die meiste Erfahrung mit Konzepten zur Thematisierung von Klassismus und Working-Class-Themen gibt es in den USA. Hier wird ein erfahrungsbezogener, an das Persönliche anknüpfender Bezug favorisiert, allerdings auch kritisch angemerkt, dass dieser Ansatz nicht ausreicht und manchmal nicht funktioniert. Denn viele Menschen wollen sich nicht outen, nicht über ihre persönliche Geschichte sprechen. Deshalb kann es hilfreich sein, wenn auf einer Ebene angesetzt wird, in der alle Personen eines Workshops oder einer Gruppe über ihre Arbeitserfahrungen berichten und sich austauschen (Linkon 1999). Darüber können dann strukturelle Faktoren wie die Hierarchien, Demokratie und Anerkennung, Diskriminierung am Arbeitsplatz thematisiert und als Klassismusformen identifiziert werden. Die Trainings im Rahmen von Social Justice Education (Adams 1997) verbinden von vorneherein persönliche Erfahrungen mit der Diskussion von Definitionen, historischen Reflexionen und strukturellen Diskriminierungsmechanismen (Czollek/Weinbach 2007; 2008. Der Erfolg der Frauenbewegungen gegen Sexismus und der Bewegungen der Schwarzen und People of Color gegen Rassismus ist die Voraussetzung für die Thematisierung von Klassismus in dem in diesem Buch beschriebenen Verständnis gewesen. Die Veränderungen, die diese Bewegungen auf juristischer, kultureller, institutioneller, politischer Ebene erreicht haben, geben Anlass zu Optimismus und sind Aufforderung zum Weitermachen in solidarischen Projekten. Wenn Ausgrenzung und Diskriminierung nicht mehr gegeneinander ausgespielt werden können, wenn sich Menschen aus verschiedenen Klassen verbünden, dann erstarkt die neue politische Bewegung. Dies wird die Gesellschaft auf dem Weg zur Klassenlosigkeit zutiefst humanisieren. Die Anfänge sind im Hier und Jetzt gemacht und werden morgen nicht zu Ende sein.

Literatur

Adams, Maurianne/ Bell, Lee Anne/Griffin, Pat (Hg.): Teaching for diversity and social justice. Asourcebook, New York und London 1997

Adams, Maurianne/ Blumenfeld, Warren J./Castaneda, Rosie u.a. (Hg.): Reading for diversity and social justice. An anthology on racism, antisemitism, sexism, heterosexism, ableism, and classism, New York und London 2000

d´Alemelda, Fabrice: Hakenkreuz und Kaviar – Das mondäne Leben im Nationalsozialismus, Düsseldorf 2007

Ames, Anne: Ich hab es mir nicht ausgesucht. Die Erfahrungen der Betroffenen mit der Umsetzung und den Auswirkungen des SGB II, 2007 http://www.zgv.info/hartz/befragung_ergebnis.htm [19.08.2007]

Anderberg, Kirsten : Genocid in New Orleans, http://de.indymedia.org/2005/09/126875.shtml [2.Sept. 2005]

Anderson, Bridget: Doing the Dirty Work? Migrantinnen in der bezahlten Hausarbeit in Europa, Berlin, Hamburg 2006

Aristoteles: Politik. Übersetzt und herausgegeben von Olaf Gigons, 5. Auflage München 1984

Asgodom, Sabine (Hg.): »Halts Maul – sonst kommst nach Dachau!« Frauen und Männer aus der Arbeiterbewegung berichten über Widerstand und Verfolgung unter dem Nationalsozialismus, Köln 1983

Assion, Peter: Transformationen der Arbeiterkultur, Marburg

Engelsing, Rolf: Zur Sozialgeschichte deutscher Mittel- und Unterschichten, Göttingen 1978

Barone, Chuck: Extending our analysis of class oppression: bringing classism more fully into picture, o. J., URL: www.dickinson.edu/~barone/ExtendClassRGC.PDF [20.6.2006]

Barone, Chuck: The Foundations of class and classism: www.dickinson.edu/~barone/ClassFoundations.PDF [20.6.2006].

Beck, Dorothee / Meine, Hartmut: Armut im Überfluss. Nachrichten aus einer gespaltenen Gesellschaft, Göttingen 2007

Beer, Ursula (Hg.): Klasse Geschlecht : Feministische Gesellschaftsanalyse und Wissenschaftskritik, Bielefeld 1989)

Boccara, Paul/ Castel, Robert/Dörre, Klaus (Hg.): Klassen und soziale Bewegungen, Hamburg 2003, S. 7-17.

Bos, Wilfried, Sabine Hornberg, Karl-Heinz Arnold, Gabriele Faust, Lilian Fried, Eva-Maria Lankes, Knut Schwippert, Renate Valtin (Hrsg.): IGLU 2006, Lesekompetenzen von Grundschulkindern in Deutschland im internationalen Vergleich. Zusammenfassung, Handout zur Pressekonferenz in Berlin, November 2007

Brendel, Sabine: Arbeitertöchter beißen sich durch. Bildungsbiographien und Sozialisationsbedingungen junger Frauen aus der Arbeiterschicht, Weinheim und München 1998

Bourdieu, Pierre: Die feinen Unterschiede, Frankfurt a. M. 1987

Bourdieu, Pierre: Der Rassismus der Intelligenz, In: Pierre Bourdieu: Soziologische Fragen, Frankfurt a. M 1993, S. 252ff.

Bourdieu, Pierre: Meditationen. Zur Kritik der scholastischen Vernunft, Frankfurt a. M., 2001

Bunch, Charlotte und Nancy Myron (Hg): Class and Feminism. A Collection Of Essays From The Furies, Baltimore 1974

Buscher, Paulus: Das Stigma »Edelweiß-Pirat«, Koblenz 1988

Castro Varela, María do Mar/Clayton, Dimitria (Hg.): Migration, Gender, Arbeitsmarkt. Neue Beiträge zu Frauen und Globalisierung, Königstein 2003

Combahee River Collective: A Black Feminist Statement, in: Zillah Eisenstein (Hrsg.) Capitalist Patriarchy and the Case For Social Feminism 1977

Czollek, Leah Carola/ Weinbach, Heike: Lernen in der Begegnung. Theorie und Praxis von Social Justice Trainings, Düsseldorf 2008

Czollek, Leah Carola/ Perko, Gudrun/ Weinbach, Heike: Dialogisches Lernen. Social Justice-Trainings: Gegen Diskriminierung- für Anerkennung und Diversity. In: In: Flüchtlingsrat Schleswig Holstein (Hg.): Dokumentation: Diversity (Cultural) Managing und Interkulturelle Öffnung und Social-Justice-Training, Kiel 2007, 40-48

Czollek, Leah/ Perko, Gudrun: Diversity (Cultural) Managing und Interkulturelle Öffnung. In: Flüchtlingsrat Schleswig Holstein (Hg.): Dokumentation: Diversity (Cultural) Managing und Interkulturelle Öffnung und Social-Justice-Training, Kiel 2007, 9-38

Czollek, Leah Carola/ Perko, Gudrun: »Diversity« in außerökonomischen Kontexten: Bedingungen und Möglichkeiten der Umsetzung. In: Anne Broden/Paul Mecheril: Re-Präsentationen. Dynamiken der Migrationsgesellschaft, Düsseldorf 2007

Czollek, Leah Carola: Diversity Management und seine praktische Relevanz. In: alice. Magazin der Alice-Salomon-Hochschule, 10, 2005, S. 13-18

Czollek, Leah Carola: Gender Mainstreaming aus queerer und interkultureller Perspektive – eine konkrete Utopie. In: Czollek,

Leah C./Perko, Gudrun: Lust am Denken. Queeres jenseits kultureller Verortungen, Köln 2004, S. 77-93.

Czollek, Leah Carola: Am Anfang war das Wort. Aspekte jüdischen Dialogs und die Vielstimmigkeit von Multikulturalismus. In: Czollek, Leah C./Perko, Gudrun: Verständigung in finsteren Zeiten. Interkulturelle Dialoge statt »Clash of Civilizations«, Köln 2003, S. 44-64.

Czollek, Leah Carola/ Weinbach, Heike: Gender- und Gerechtigkeitstrainings: Machtverhältnisse begreifen und verändern. In: Nohr, Barbara/Veth, Silke (Hg.): Gender Mainstreaming. Kritische Reflexionenn einer neuen Strategie, Berlin 2002, S. 112-124.

Czollek, Leah Carola: Sehnsucht nach Isarael. In: Castro Varela, Maria do Mar u.a. (Hg.): Suchbewegungen. Interkulturelle Beratung und Therapie, Tübingen 1998, S. 39-48.

Dangschat, Jens: Segregation – ein Indikator für Desintegration? In: Journal für Konflikt- und Gewaltforschung, Vol. 6, No. 2, 2004, 6-31

Davis, Mike: Planet der Slums, Berlin 2007

Engel, J. F./ R. D. Blackwell / D. T. Kollat: Consumer Behaivior, USA 1978

Engels, Friedrich: Die Lage der arbeitenden Klasse in England (1845) in: Karl Marx – Friedrich Engels – Werke, Band 2, S. 225–506, Dietz Verlag, Berlin/DDR 1972

Engler, Steffani: »In Einsamkeit und Freiheit«? Zur Konstruktion der wissenschaftlichen Persönlichkeit auf dem Weg zur Professur. Konstanz 2001

Erler, Ingolf (Hg.): Keine Chance für Lisa Simpson? Soziale Ungleichheit im Bildungssystem, Wien,2007

Feinberg, Leslie: Stone Butch Blues, April 2004 (dt.: Träume in den erwachenden Morgen, Berlin 2003)

Frerichs, Petra: Klasse und Geschlecht 1. Arbeit. Macht. Anerkennung. Interessen, Opladen 1997

Friedrich, Robert/ Pilgrim, Daniel:: Arbeitslosigkeit und Diskriminierung, unveröff. Diplomarbeit, Alice-Salomon-Fachhochschule, Berlin 2006

Gehrke, Bernd/Horn, Gerd-Rainer: 1968 und die Arbeiter, Hamburg 2007

Geißler, Reiner: Die Sozialstruktur Deutschlands. Zur gesellschaftlichen Entwicklung mit einer Bilanz zur Wiedervereinigung, Wiesbaden 2006

Goch, Stefan: Sozialdemokratische Arbeiterbewegung und Arbeiterkultur im Ruhrgebiet. Eine Untersuchung am Beispiel Gelsenkirchen 1848-1975, Band 91, Düsseldorf 1990

Goldhagen, Daniel: Hitlers willige Vollstrecker.Ganz gewöhnliche Deutsche und der Holocaust, München 2000

Gould, Stephen Jay: Der falsch vermessene Mensch, Frankfurt a. M. 1988

Groschopp, Horst: Deutsche Einigung. Ende einer verstaatlichten Arbeiterbewegungskultur. In: Beiträge zur Geschichte der Arbeiterbewegung 5, Berlin 1999, S.16-23

Groschopp, Horst: Beredsamkeit und Kurzweil. Historische Skizzen zu Unterhaltung und Arbeiterpresse. In: Kift, Dagmar (Hg.): Kirmes-Kneipe-Kino. Arbeiterkultur im Ruhrrevier zwischen Kommerz und Kontrolle, Paderborn 1992, S. 147-168

Groschopp, Horst: Proletarische Organisation als Kulturprozess. Internet: http://www.horst-groschopp.de/Arbeiterkultur.html. [6.8.2007]

Haas, Erika: Arbeiter- und Akademikerkinder an der Universität. Eine geschlechts- und schichtspezifische Analyse, Frankfurt u.a. 1999

Hall, Stuart: Ausgewählte Schriften 1-4, Hamburg 2004

Harding, Sandra: »Die notwendige Erweiterung des Spektrums«, in: Frankfurter Rundschau vom 10.10.2000

Handbook for nonviolent action: URL http://revolution.gq.nu/classism.html [15.6.2006].

Herbert, Ulrich: Best. Biographische Studien über Radikalismus, Weltanschauung und Vernunft, 1903-1989, Bonn 1996

Hernnstadt, Rudolf: Entdeckung der Klassen. Die Geschichte des Begriffs Klasse von den Anfängen bis zum Vorabend der Pariser Julirevolution 1830, Berlin 1965

Hervé, Florence: Frauenbewegung und revolutionäre Arbeiterbewegung. Texte zur Frauenemanzipation in Deutschland und in der BRD, Frankfurt/M. 1981

Hildebrandt, Karin/ Stein, Ruth Heidi: »Töchter der Arbeiterklasse« – Hochschulstudium und -beruf von Frauen in der DDR. In: Schlüter, Anne (Hg.): Arbeitertöchter und sozialer Aufstieg. Zum Verhältnis von Klasse, Geschlecht und sozialer Mobilität, Weinheim 1992, 144-172

Hill, Marcia/ Sther D. Rothblum (Hrsg.): Classism and Feminist Therapy. Counting Costs, new York / London 1996

Hirschfeld, Tobias/ Jersak, Gerhard (Hg.): Karrieren im Nationalsozialismus: Funktionseliten zwischen Mitwirkung und Distanz, Hamburg 2006

Isserstedt, Wolfgang/Elke Middendorff/Gregor Fabian/Andrä Wolter: Die wirtschaftliche und soziale Lage der Studierenden in der Bundesrepublik Deutschland. 18. Sozialerhebung des Deutschen

Studentenwerks durchgeführt durch HIS Hochschul-Informations-System – Ausgewählte Ergebnisse, Bonn, Berlin 2007

Holzkamp, Klaus: Schriften I – Normierung, Ausgrenzung, Widerstand, Berlin 1997

hooks, bell: Where We Stand: Class Matters, New York and London: Routledge 2000

Hügel, Ika/ Lange, Chris/Ayim, Maya/Bubeck, Ilona/Aktas, Gülsan/Schultz, Dagmar: Entfernte Verbindungen. Rassismus, Antisemitismus, Klassenunterdrückung, Berlin 1993.

Illies, Florian: Generation Golf. Eine Inspektion, Frankfurt a.M. 2001

Janssen-Jurreit, Marie-Louise: Sexismus. Über die Abtreibung der Frauenfrage. München 1976

Kemper, Andreas: Kampf um Anerkennungsordnungen, in: Axel Honneth: Sozialphilosophie zwischen Kritik und Anerkennung, hrsg. v. Christoph Halbig und Michael Quante, Münster 2004

Kemper, Andreas: Klassismus in der Studierendenschaft, in: Diskus. Frankfurter Student_innenzeitschrift 2005

Kemper, Andreas: Utopien eines nicht-ausgrenzenden Bildungssystems, in: Ingolf Erler (Hrsg.): Keine Chance für Lisa Simpson? Soziale Ungleichheit im Bildungssystem, Wien 2007

Kemper, Andreas: Klassismus, in: Leah Carola Czollek/ Heike Weinbach: Lernen in Bewegung. Theorie und Praxis von Social Justice-Trainings. Reader für MultiplikatorInnen in der Jugend- und Bildungsarbeit, hrsg. vom Informations- und Dokumentationszentrum für Antirassismusarbeit, Dez. 2007, S. 50ff.

Kemper, Andreas: Opfer der Marktgesellschaft. Obdachlosenfeindlichkeit als klassistische Formation, in: arranca! Nr. 38/ sul serio Nr. 14 Gemeinsame Ausgabe Sommer 2008, S. 46ff

Kemper, Andreas/ Weinbach, Heike: Unter den Schichten, da liegt die Klasse – Präsenz und Absenz von Klassismus in der der Psychotherapie, in: Verhaltenstherapie & Psychosoziale Praxis 3/2008 Schwerpunkt: Prekäre Lebensverhältnisse im heutigen Kapitalismus, S. 585ff.

Kessl, Fabian: »Das wahre Elend? Zur Rede von der ›neuen Unterschicht‹«, in: Widersprüche – Zeitschrift für sozialistische Politik im Bildungs-, Gesundheits- und Sozialbereich, Heft 98, Dezember 2005

Kijewski, Rudolf M.: Proletarische Literatur und die Politik der Kommunistischen Partei Deutschlands 1929-1932. Auseinandersetzungen im Bund proletarisch-revolutionärer Schriftsteller, 1983

Klesse, Christian 2001: »Standpunkttheorie und Identitätspolitik.

Über den Zusammenhang von Unterdrückung und Bewusstsein«, in : Analyse & Kritik, Nr. 451, Juni 2001

Kramer, Dieter: Theorien zur historischen Arbeiterkultur, Marburg 1987

Krüger-Potratz, Marianne (Hg.): Anderssein gab es nicht. Ausländer und Minderheiten in der DDR, Münster, New York 1991.

Krysmanski, Hans-Jürgen: Hirten & Wölfe. Wie Geld- und Machteliten sich die Welt aneignen oder: Einladung zum Power Structure Research, Münster 2004

Kunze, Horst/ Wegehaupt, Heinz: Spiegel proletarischer Kinder- und Jugendliteratur 1870-1936, Berlin-DDR 1985

Lafargue, Paul; Das Recht auf Faulheit.(1883). Internet: http://www.wildcat-www.de/material/m003lafa.htm (6.8.2007)

Leeb, Claudia: Das Klassenkonzept poststrukturalistisch gedacht, in: Ingolf Erler (HG.): Keine Chance für Lisa Simpson? Soziale Ungleichheit im Bildungssystem, Wien 2007

Linkon, Sherry Lee: Teaching Working Class, Amherst 1999

Liu William Ming/ Soleck, Geoffrey/Hopps, Joshua/Dunston, Kwesi/Pickett, Theodore Jr.: An new framework to understand social class in counseling: the social class worldview model and modern classism. In: Journal of Multicultural Counseling and Development, 32, April 2004, S. 95-122.

Lubrano, Alfred: Limbo: Blue-Collar Roots, White Collar Dreams, New Jersey 2004

Maase, Kasper: »Leben einzeln und frei wie ein Baum und brüderlich wie ein Wald ...«. Wandel der Arbeiterkultur und Zukunft der Lebensweise, Frankfurt/M. 1985

Mahony, Pat/Zmroczek, Christine: Class Matters: ›Working-Class‹ Women´s Perspectives on Social Class, London 1997

Mally, Lynn: Culture of the Future: The Proletkult Movement in Revolutionary Russia. Internet:

Mason, Tim: Nazism, Fascism and the Working Class, Glasgow 1995

Marx, Karl/ Freidrich Engels: Das Kapital. Kritik der politischen Ökonomie, Bd. 1-3, Berlin 2001

Menke, Klaus/ Schröter, Klaus: Psychoanalyse und Unterschicht. Soziale Herkunft – ein Hindernis für die psychoanalystische Behandlung? Frankfurt 1980

Meulenbelt, Anja: Scheidelinien. Über Sexismus, Rassismus und Klassismus,Reinbek bei Hamburg 1988

Michels, Peter M.: Aufstand in den Ghettos. Zur Organisation des Lumpenproletariats in den USA, Frankfurt a. Main 1972

Moon, Dreama G./ Rolison, Garry L.: Communication of clas-

sism. In: Green, Jonathan (Hg.): Words apart. The language of prejudice, London 1996, S. 122-138
Mühlberg, Dietrich: Konnte Arbeiterkultur in der DDR gesellschaftlich hegemonial sein? In: UTOPIE kreativ, 11, 2002, S. 965-976
Nelles, Ursula: Eckpunktepapier Zukunftskonzept der WWU (2008)
Nolte, Paul: Generation Reform. Jenseits der blockierten Republik, Bonn 2004
ORF: EU kritisiert frühe Differenzierung im Schulsystem, 15.11.06 URL: http://science.orf.at/science/news/146260
Patterson, Orlando: Slavery and Social Death, Cambridge und London 1982
Paxton, Robert O.: Die Anatomie des Faschismus, München 2006
Perko, Gudrun: Queer-Theorien. Ethische, politische und logische Dimensionen plural-queeren Denkens, Köln 2005
Perko, Gudrun: Respektvolle Umgänge. Über den Dialog, die Idee des Dialogischen und die Rolle der Imagination – von Sokrates zu Arendt und Castoriadis. In: Czollek, Leah/Perko, Gudrun: Verständigung in finsteren Zeiten. Interkulturelle Dialoge statt »Clash of Civilizations«, Köln 2003, S. 14-43.
Perko, Gudrun: Denken im Transit – ein Entwurf: Über das Ethos der Anerkennung, die Politik der Autonomie und Dimensionen der Magmalogik als transformative Erweiterung von Queer. In: Czollek, Leah C./Perko, Gudrun: Lust am Denken. Queeres jenseits kultureller Verortungen, Köln 2004, S. 30-53.
Popp, Adelheid: Die Jugendgeschichte einer Arbeiterin – von ihr selbst erzählt (1909), Berlin 1983
Ransford, Edward H.: Race and Class in American Society: Black, Latino, Anglo, Cambridge, Mass. 1994
Richter, Antje: Risiko und Resilienz, Vortrag v. 10.3.2005: www.kindergartenpaedagogik.de/1286.pdf –
Richter, Antje: Wie erleben und bewältigen Kinder Armut? Aachen 2000
Ritsert, Jürgen: Soziale Klassen, Münster 1998
Rommelspacher, Birgit: Dominanzkultur. Texte zu Fremdheit und Macht, Berlin 1995
Rommelspacher, Birgit: Gender, race, class – Ausgrenzung und Emanzipation. sozialextra, 20 Jg. Juli/August, 2005, 26-29.
Rohleder, Christiane: Zwischen Integration und Heimatlosigkeit. Arbeitertöchter in Lehramt und Arztberuf, Münster 1997.
Rose, Jonathan: The Intellectual Life of the British Working Classes, New Haven un London 2001
Roth, Karl-Heinz/ Ebbinghaus, Angelika: Rote Kapellen – Kreisauer

Kreise – schwarze Kapellen: neue Sichtweisen auf den Widerstand gegen die NS-Diktatur 1938-1945, Hamburg 2004

Roth, Karl-Heinz/ Wippermann, Wolfgang: Ist Dimitroff gegessen? War der Nationalsozialismus ein Klassen- oder ein Rassenstaat? Eine Kontroverse zwischen Wolfgang Wippermann und Karl-Heinz Roth. URL: http://www.nadir.org/nadir/periodika/jungle_world/_98/04/06a.htm [25.06.2009]

Rühle, Otto: Zur Psychologie des proletarischen Kindes, Frankfurt a. M. 1969

Ryan, Jake/ Charles Sackrey: Strangers in Paradise. Academics from the Working Class, 1995

Sandvoß, Hans-Rainer: Die »andere« Reichshauptstadt : Widerstand aus der Arbeiterbewegung in Berlin von 1933 bis 1945, Berlin 2007

Savage, Mike: Working-Class Identities in the 1960s: Revisiting the Affluent Worker Study. In: Sociology 5, 2005, S.929-946

Schlösser, Manfred: Freizeit und Familienleben von Industriearbeitern, Frankfurt/M., New York 1981

Schlüns, Julia: »Umweltbezogene Gerechtigkeit«. In: Aus Politik und Zeitgeschichte 24, 2007, Bonn

Schlüter, Anne: Arbeitertöchter und ihr sozialer Aufstieg. Zum Verhältnis von Klasse, Geschlecht und sozialer Mobilität, Weinheim 1992

Schmidt, Gunter/Sigusch, Volkmar: Arbeiter-Sexualtiät, Neuwied und Berlin 1971

Schneider, Lothar: Der Arbeiterhaushalt im 18. und 19. Jahrhundert, Berlin 1967

Schneider, Michael: Kleine Geschichte der Gewerkschaften, Ihre Entwicklung in Deutschland von den Anfängen bis heute, Berlin 1989

Sennett, Richard/Cobb, Jonathan: The Hidden Injuries of Class, New York 1972

Silver, Beverly: Arbeiterbewegungen und Globalisierung seit 1870, Hamburg 200

Skeggs, Bev: The making of class and gender through visualizing moral subject formation. In: Sociology Vol. 39, H.5, London 2005, S. 965-982

Skeggs, Bev: Class, self, culture, London 2004.

Theling, Gabriele: Vielleicht wäre ich als Verkäuferin glücklicher geworden: Arbeitertöchter & Hochschule,Münster 1986

Thompson, Edward Palmer: Die Entstehung der englischen Arbeiterklasse. Suhrkamp, Frankfurt am Main 1987

Weinbach, Heike: Social Justice statt Kultur der Kälte. Alternativen zur Diskriminierungspolitik in der Bundesrepublik Deutschland, Berlin 2006

Weinbach, Heike: Einfach Klasse? Klassismus – Diskriminierung aufgrund des sozialpolitischen Status'. In: QUER – lesen, denken, schreiben, hg. v. Frauenrat und der Frauenbeauftragten der Alice-Salomon-Fachhochschule 13, 2006a, S.4-7

Weinbach, Heike: Schichtwechsel – Warum wir eine Klassismusdebatte brauchen. Forum Wissenschaft 4, 2006b

Weinbach, Heike: Am Anfang war das Projekt ... dann kam die Universität.Theorie-Praxis-Veränderungen in den (west-) deutschen Frauen- und Genderbewegungen. In: Studienheft des Bundes demokratischer WissenschaftlerInnen, Marburg 2006c

Weinbach, Heike: Diskriminierung. In: Fachlexikon der Sozialen Arbeit, 6. Auflage, Baden-Baden 2007, S. 211

Weinbach, Heike: Die feministische Erbschaft dieser Zeit. In: Gerechte (un)gleichheiten?. Zeitschrift der Juso-Hochschulgruppen, Juli 2007, 33-45

Weinbach, Heike/ Kemper, Andreas: Unter den Schichten, da liegt die Klasse – Präsenz und Absenz von Klassismus in der der Psychotherapie, in: Verhaltenstherapie & Psychosoziale Praxis 3/2008 Schwerpunkt: Prekäre Lebensverhältnisse im heutigen Kapitalismus, S. 585ff.

Weyrather, Irmgard: Die Frau am Fließband. Das Bild der Fabrikarbeiterin in der Sozialforschung 1870-1985, Frankfurt/M. 2003

Westphal, Manuela: Arbeitsmigrantinnen im Spiegel westdeutscher Frauenbilder. In: beiträge zur feministischen theorie und praxis 42, 1996, 17-28

Willis, Paul: Spaß am Widerstand. Gegenkultur in der Arbeiterschule, Frankfurt am Main 1982

Young, Iris, Marion: Justice and the Politics of Difference, Princeton, N.Y. 1990

Young, Iris Marion: Responsibility and Global Justice: A Social Connection Model, Sept. 2004.http://209.85.129.104/search?q=cache:93kzgQ0TR8IJ:psweb.sbs.ohio-state.edu/marionyoung.pdf [4.8.2007]

Zahlbaum, Willi: Aufrecht gehen. Aus der Lebensweise des Kreuzberger Arbeiterjungen Willi Zahlbaum, Neu-Zittau 2000

Zick, Andreas/ Küpper, Beate: Nachlassende Integrationsbereitschaft in der Mehrheitsbevölkerung. In: Wilhelm Heitmeyer (Hg.): Deutsche Zustände Folge 5, Frankfurt/M.2007

Zinn, Howard: Eine Geschichte des amerikanischen Volkes. Gesamtausgabe 2007

Zuckmayer, Carl: Der Hauptmann von Köpenick. Ein deutsches Märchen in drei Akten, Frankfurt a. M. 1995

Weblinks

http://www.classism.org
http://www.workingclassacademics.org
http://www.klassismus.de
http://www.workingclassstudents.de
http://www.respect-netz.de/pages/frame.htm
http://www.arbeiterkind.de